KB202746

메타버스 시대의 신학과 목회

연세신학문고 11
메타버스 시대의 신학과 목회

2022년 2월 4일 처음 펴냄

지은이 | 김상일 허호익 강원돈 서정민 외 11인
펴낸이 | 김영호
펴낸곳 | 도서출판 동연
편   집 | 최은실 김구 박연숙 김율 이새한
디자인 | 황경실 윤혜린
등   록 | 제1-1383호(1992년 6월 12일)
주   소 | (우 03962) 서울시 마포구 월드컵로 163-3
전   화 | (02) 335-2630
팩   스 | (02) 335-2640
이메일 | yh4321@gmail.com / h-4321@daum.net

Copyright ⓒ 연세대학교 한국기독교문화연구소, 2022

이 책은 저작권법에 따라 보호받는 저작물이므로, 무단 전재와 복제를 금합니다.
잘못된 책은 바꾸어 드립니다.
책값은 뒤표지에 있습니다.

ISBN 978-89-6447-760-1 04200
ISBN 978-89-6447-230-9 (세트)

연세신학문고 011

메타버스 시대의
신학과 목회

김상일 허호익 강원돈 서정민 외
11인 함께 씀

동연

머 리 말

메타버스의 멋진 신세계?

1932년에 출간된 올더스 헉슬리(Audous Huxley)의 소설 『멋진 신세계』(*Brave New World*)는 과학기술의 발달과 이를 통해 효율성을 극대화한 미래 사회를 상상하고 이를 평가한 작품입니다. 특히 유전자 조작 기술에 의해서 만들어진 세상으로 고통은 없으나 의미가 상실 미래의 통제된 사회에서 변화된 가지와 삶의 의미, 특히 생명의 탄생과 죽음 등에 대한 근본적인 가치 변화를 통해 생명의 의미와 가치가 재구성된 사회를 고발했습니다. 즉, 과학과 기술은 인간이 자신들을 위해 사용하는 도구적 위치를 넘어 도구에 연결된 인간과 인간됨의 의미가 무엇인가를 평가하고 재구성하는 체계가 되어가고 있다는 것입니다.

2022년 과학기술의 엄청난 발전과 변화의 과정 속에서, 우리는 다른 신세계, 즉 디지털 시대에서 펼쳐질 멋진 신세계로 불리는 메타버스의 세계 앞에 서 있습니다.

메타버스는 모든 영역의 사람들이 3차원의 가상환경에서 살게 될 것이고, 그곳에서 사귀고 일하는 새로운 공동체가 형성되는 곳입니다. 그러나 새롭게 진화하는 메타버스는 단지 인간의 편의와 필요를 충족시키는 단순한 도구가 아니며, 현실과 가상세계 그리고 이 둘이 연결된 혼종공간은 인간에 대한 새로운 가치의 틀을 제공할 것이고, 아마도 현재 우리를 지지하고 있는 가치관과 세계관은 의미가 없는 것으로 여겨질 수도 있습니다.

신세계로 나아가는 메타버스라는 시간과 공간을 기존의 패러다임과 틀을 확장시키는 도구로 사용하는 것이 아니라, 새롭게 생성되고 진화하는 플랫폼에서 하나님의 정의와 사랑을 실천하는 논의에 적극적으로 참여하는 새로운 신학적 상상력이 요구됩니다. 기존의 패러다임에 적용되었던 규율과 규칙이 새롭게 현성되는 패러다임에는 적용이 될수 없을 뿐 아니라 소통조차도 불가능(incommensurability)하다면, 현재의 우리와 신학을 구성하고 있는 틀을 넘어 생성되는 메타버스의 신세계의 진화의 과정에 참여하여 담론을 이끌어 나가야 할 책임을 부여받았다고 생각합니다.

그래서 2022년 첫 연세신학문고가 "메타버스 시대에 신학과 목회"라는 주제를 가지고 다양한 각도와 관점에서 새로운 신학과 목회적 상상을 시작했습니다. 바라기는 우리 앞에 펼쳐지는 신세계가 자본과 욕망으로 가득한 세계가 아니라 하나님의 은총과 자비와 사랑이 펼쳐지는 모두의 세계로 나아갈 수 있도록 현실 너머를 보는 예언자적인 상상을 지금 여기서(Here & Now) 꿈꾸어야 할 것입니다.

연세대학교 신과대학 학장

방연상

추 천 의 글

코로나 팬데믹이 몰고 온 한파로 인해 사람들의 일상이 멈추어 서고 사회활동에 어려움을 겪어온 지 어언 2년이라는 세월이 흘렀습니다. 그러는 동안 가장 큰 타격을 받은 곳은 바로 교회입니다. 교회에 모여서 예배할 수 없으니 다른 사역은 생각할 수조차 없게 되었습니다. 이번에 우리나라 개신교의 15%가 넘는 만 개 정도의 교회가 문을 닫았다는 어느 통계가 결코 과장으로 느껴지지 않습니다.

교회의 생존을 위협하는 것은 단지 경제적인 문제만이 아닙니다. 처음에는 생소하게만 들렸던 '비대면 예배'와 '온라인 예배'가 이제는 뉴노멀(new normal)로 자리 잡았습니다. 부득이한 상황 때문이라고는 하지만, 지역 교회를 섬기는 목회자로서 이를 어떻게 받아들여야 할지 무척 고민스럽습니다. 모니터를 통해서 시청하는 것을 새로운 형태의 예배로 인정해야 할 것인지, 아니면 순교한다는 각오로 전통적인 현장 예배를 고수해야 할 것인지 혼란스럽습니다.

어느 정도 상황이 호전되면서 다시 모여 예배드리기 시작했지만, 교회마다 현장 예배가 예전처럼 회복되지 않는다고 합니다. '온라인 예배'에 익숙해진 성도들이 더는 교회에 출석하려고 하지 않는 것이지요. 처음부터 걱정했듯이 이른바 '가나안 교인'이 점점 더 늘어나고 있는 현실을 우리는 지금 목격하고 있는 것입니다.

그러나 어쨌든 '온라인 예배'가 교회의 새로운 일상으로 자리 잡았으니, 이제는 그에 발맞추어 '온라인 교회학교'나 '온라인 소그룹 모임' 프로그램을 서둘러서 개발해야 할까요? 이참에 사람들이 몰려드는 '메타버스'(metaverse)라는 가상공간의 플랫폼에 아예 '메타처치'(metachurch)를 세워서 보다 적극적으로 복음을 전하는 일을 시작해야 할까요?

일찍이 역사학자 아놀드 토인비는 과거 문명들의 복잡한 변천사를 '도전과 응전'이라는 안목으로 통찰했습니다. 그는 '창조적 소수'에 의한 진보의 가능성을 믿었습니다. 그의 입장은 "문명의 성장은 계속되는 도전에 성공적으로 응전함으로써 이루어진다"라는 유명한 가설로 요약됩니다. 이를 현재 우리가 직면하고 있는 상황에 적용해보아도 의미가 있습니다.

코로나 팬데믹이 초래한 새로운 도전에 어떻게 응전하느냐에 따라서 신앙공동체로서 교회의 생존이 달려 있다고 해도 결코 지나친 말이 아닐 것입니다. 지금까지 연세신학이 그래왔듯이 이번에도 창조적 소수의 역할을 감당하기 위해서 '메타버스 시대에 신학과 목회'라는 주제로 열한 번째 연세신학문고를 출간하게 되었습니다. 각 분야에서 눈에 두드러지게 활약하는 여러 동문이 주옥같은 글로 동참해주셨습니다.

이와 같은 신학 담론이 우리 앞에 이미 불쑥 다가와 있는 메타버스 시대를 정확하게 이해하고, 그 안에서 우리가 마땅히 선택해야 할 길을 찾는 데 큰 도움이 될 것으로 확신합니다.

연세대학교 신과대학 동문회장/한강중앙교회 담임목사
유요한

차 례

제1장 _ 메타버스 시대와 신학

메타버스 시대와 신학

4차 산업혁명과
메타버스의 문명사적 이해

허호익

전 대전신학대학교 교수

1. 4차 산업혁명의 특징

　도구를 사용해 온 인간(Homo Faber)은 도구의 질적 혁신을 통해 4차에 걸쳐 산업혁명을 이루어 왔다. 인류는 오랜 채집 생활 끝에 농경을 시작하면서 문명사적 대전환을 이루었다. 농경사회를 확대 재생산한 도구가 '바퀴'라고 한다. 바퀴와 차축의 발명으로 1차 산업혁명이 일어났다. 농산물의 대량생산과 유통이 가능해지고, 부의 집중과 계급 분화에 따르는 인류의 기초적인 사회제도들이 모두 이 시기에 생겨났다. 바퀴는 마차와 전차(戰車)로 분화되어 대규모 원정 침략전쟁도 가능해진 것이다.

농경사회에서는 마차든 전차든 바퀴를 움직이려면 인마(人馬)라는 제한된 동력에 의존해야 하였다. 증기 기관의 발명으로 '**동력(動力)의 도구화**'를 통해 도구의 질적 변화를 가져온 것이다. 그래서 동력의 단위를 지금도 마력(馬力)이라고 한다. 마침내 필요한 동력을 지속적으로 제공하여 수백 개의 바퀴를 끌 수 있는 열차(列車)와 같은 거대한 기계를 움직이는 기계화를 통해 대량생산, 대량유통, 대량소비의 산업혁명을 가능해진 것이다. 그래서 제2차 산업사회가 도래한 것이다.

다음 단계의 질적 변화는 '**조작의 도구화**'이다. 화력과 전력(電力)을 이용한 동력을 도구화하여 정교하거나 거대한 무수히 많은 기계들이 등장했지만, 여전히 이 모든 기계는 인간에 의해서 조작되었다. 열차나 비행기는 기관사나 비행사의 조작 없이는 운행이 불가능할 뿐이었다. 따라서 단순한 운행을 사전 조작을 통해 자동으로 시행할 필요가 생겨났다. 이처럼 동력을 움직이는 '조작의 도구화'를 구현한 것이 자동항법장치이다. 항공기를 비롯한 온갖 종류의 자동화 기기가 제

3차 산업사회를 가능하게 한 것이다. 항공 분야뿐 아니라 산업 전 분야에서 분업과 자동화를 통해 생산성은 극대화할 수 있는 기계화 시대가 도래한 것이다.

도구화, 기계화, 자동화 다음 단계에 등장한 것이 자율화이다. 제4차 사업사회를 선도할 자율화는 자율주행차를 통해 구현되고 있다. 자동 운행 자체를 인간의 도움 없이 스스로 가능하게 하는 **'자율 운행의 도구화'**가 자율화이다. 알파고처럼 인간의 조작 없이 모든 디지털 정보를 스스로 판단하고 조작하는 전 과정이 자율적으로 진행되도록 인공지능을 탑재한 자율적인 기기를 통해 도구의 자율화가 가능해진 것이다. 우리 앞에 다가온 자율주행차 역시 무수한 주변 환경의 정보를 자율적으로 파악하고 통제하는 인공지능이 대중적으로 확산되는 구체적인 사례라고 할 수 있다. 인공지능의 딥 러닝(deep learning)과 정보통합화 능력이 도구의 자율 운행을 가능하게 한 것이다.

2022년 대선을 앞두고 코로나19 재확산으로 대면 선거운동이 어려워지면서 AI를 통한 선거운동이 시도되고 있다. 여당에서는 이재명 후보의 아바타 '명탐정 이재봇'을 등장시켜 채팅창에 궁금한 내용을 물으면 인공지능 기술로 곧바로 대답이 돌아오는 '챗봇' 시스템도 도입했다. 야당의 경우 윤석열 후보의 영상과 음성을 합성해 장점을 부각한 'AI 윤석열'을 등장시켰고, 제3지대 후보인 김동연 전 경제부총리는 자신의 아바타와 함께, 영입 인재 1호인 AI 대변인까지 소개했다.

이런 배경에서 과학자 프레드킨(E. Fredkin)은 이러한 인공지능을 우주적 사건 3가지 중 하나로 보았다. **그가 말한 첫 번째 사건은 우주의 탄생이고, 두 번째 사건은 생명의 출현이며, 마지막 세 번째 대박 사건이 인공지능의 출현이라고 하였다. 인공지능은 우주의 탄생과 생명의 출현에 버금가는 우주적 대 사건이라는 것이다.**

농경사회 이후 동력의 도구화(증기 기관 등), 조작의 도구화(기계화), 자동 운행의 도구화(자율화)를 거쳐오면서 시간과 공간의 확장을 가져왔다. 산업의 변곡점이 된 바퀴나 증기 기관에 해당하는 스마트폰이라는 모바일 도구 등장으로 '모든 정보를 디지털화하여 통합하고' 이를 '언제, 어디서나 각종 콘텐츠를 자유롭게 이용할 수 있는 네트워크 환경'이 가능한 유비쿼터스 컴퓨팅(ubiquitous computing)이 출현한 것이다. 라틴어 'ubique'는 '동시에 어디에나 존재하는, 편재하는'이라는 뜻이다. 신은 무소부재(遍在)하여 어디서나 존재

할 수 있듯이 시간과 장소에 구애받지 않고, 언제나 정보통
신망에 접속하여 다양한 정보통신 서비스를 활용할 수 있는
환경이 창출된 것이다. 그리고 이런 환경에서 특정한 사물에
각종 센서와 통신 기능이 내장되어 인터넷이 가능하도록 해
서 인간의 개입을 최소화시켜 사물끼리 소통을 가능하게 만
든 것이 사물인터넷(IoT, Internet of Things)이다. 이와 더불
어 새로운 3차원적 공간이 창조되었으니 가상현실이나 증강
현실이다.

2. 가상현실과 증강현실 그리고 메타버스의 출현

가상현실(Virtual Reality)의 기본 개념은 '실제와 유사하
지만, 실제가 아닌 인공 환경'을 의미한다. 가상현실은 현
실에 최대한 가깝게 구현한 시뮬레이션이다. 가상현실은 3
차원적 공간의 시현이 가능한 3D 영상 디스플레이 기술의
발전으로 게임을 통해 대중화되었다. 가상현실 기술의 발
전은 증강현실로 이어졌다. 증강현실(增强現實, Augmented
Reality)은 사용자가 지각하는 것에 컴퓨터가 만든 정보를 추
가하는 확장현실(擴張現實)이라고도 한다. SF영화 등에서

흔히 볼 수 있는, 안경을 쓰고 무언가를 바라보면 바라보는 대상의 정보가 떠오르는 것을 증강현실의 예시로 들 수 있다. 가상현실이 내가 조작되고 창작된 공간으로 들어가는 것이라면, 증강현실은 사용자가 눈으로 보는 현실 세계에 가상 물체를 겹쳐 보여주는 기술인 차이점이 있다. 특수한 안경을 착용하면 현실 속에 사물과 관련된 3차원 입체영상 (Hologram)이 구현되는 것이 증강현실의 구체적인 사례이다.

기술의 발전으로 인공지능과 더불어 유비쿼터스를 기반으로 하는 사물인터넷, 3차원 입체영상을 기반으로 하는 가상현실, 증강현실과 같은 4차 산업의 도구들이 융복합적으로 결합된 현상을 규정하는 메타버스라는 용어가 4차 산업의 키워드로 등장하였다. 메타버스는 1992년 스티븐슨(Neal Stephenson)의 소설 『스노우 크래쉬』에서 처음 등장한 개념과 용어이다. 메타버스(metaverse)는 '메타'(meta)와 세계, 우주를 의미하는 '유니버스'(universe)를 합성한 신조어다. 메타는 초월하다(beyond), 연계하다(with)의 뜻이다. 메타버스에 관한 정의가 다양하지만, 필자는 "현실 세계를 초월하여 가상세계와 증강세계와 현실 세계를 유기적으로 융합

하는 새로운 연계 세계"(XR, Cross Reality)라는 의미로 이해
한다. 플라토는 물리적 현상 세계와 가상세계인 이데아의 세
계를 이원적으로 구분하였지만, 현재 기술 공학은 물리적 현
실 세계와 인공지능, 사물인터넷, 모바일, 3차원 입체 공간
구현 기술 등의 상호 융합을 통해 현실 세계와 가상세계를
유기적으로 연계하는 기술을 발전시켜가고 있다. 다시 말하
면 가상현실과 증강현실은 수동적으로 참여하는 것이지만,
메타버스 안에서는 실제로 상호작용을 통해 상상력을 극대
화하여 능동적으로 참여할 수 있게 된 것이다.

3. 메타버스 활용의 주요 사례

게임에 익숙한 이들은 이미 경험한 바와 같이 각종 전투
현장에 각종 무기를 구매하여 능동적인 전사로 참여할 수 있
다. 게임에서 사용되어 온 메타버스가 점점 엔터테인먼트,
교육, 공연 전시, 스포츠, 의료, 소셜 미디어, 화상회의, 업무,
생산, 유통, 군사 등으로 확산되고 있고, 그 삶의 모든 영역에
서 무궁무진하게 진화하고 있는 것으로 알고 있다.

가상현실이 가장 광범위하게 활동된 분야가 전자오락으

로 시작한 인터넷 또는 모바일 게임이다. 게임 기술이 발전하여 예를 들면 전쟁 게임에 참가자 각자가 자신의 아바타를 등장시키고, 자신의 아바타에 각종 무기뿐 아니라 마법 지팡이, 광선 무기, 공중 부양 차량 등 SF 영화에나 등장하는 아이템을 유료로 구입하여 무장을 할 수 있다. 지금, 이 순간에도 여러 제작자가 개성 넘치고 멋있는 아이템들을 만들어 내고 있다. 대부분의 유명한 게임 사이트는 전 세계에 서비스되기 때문에 수많은 외국인과 게임 내에서 개인적으로 또는 팀을 이루어 사이버 공간에서 직·간접적으로 교류할 수 있게 된 것이다.

초기의 전자오락은 말 그대로 오락의 범주를 벗어나지 못하였다. 1990년대 후반 이후로 게임 산업이 급격히 발전하는 동시에 프로게이머가 등장하면서 전자 게임에 대한 사회적 인식이 달라져 e스포츠(esports)로 불리게 되었다. 우리나라에서도 2000년 2월 사단법인 21세기프로게임협회(현 한국e스포츠협회) 창립되었다. 2012년 2월에는 e스포츠(전자스포츠) 진흥에 관한 법률이 제정되는데, e스포츠를 "게임물을 매개(媒介)로 하여 사람과 사람 간에 기록 또는 승부를 겨루는 경기 및 부대 활동"(제2조 제1호)으로 정의하였다.

지난 2018년 자카르타-팔렘방 아시안게임에서 시범종목으로 치러진 e스포츠가 오는 2022년 항저우 아시안게임의 정식 종목에 편입되었다. 전자오락으로 시작된 게임 산업이 이제는 어엿한 전자 스포츠로 제도권 안으로 완전히 들어오게 된 것이다.

이런 추세에 따라 게임중독을 질병코드로 등록한 바 있는 세계보건기구(WHO)는 코로나 사태 이후에는 사회적 거리두기를 위해 '집콕'하는 사람들에게 e스포츠를 적극 권장하는 상황에 이르게 되었다. 최근에는 인터넷 게임이 거대한 수요와 공급을 창출하는 거대한 산업으로 성장했을 뿐 아니라 스포츠처럼 전 세계적인 소통, 훈련, 기량 경쟁을 통해 일상에서 맛보지 못하는 성취감과 자신감을 부여하며, 프로게이머는 선망의 대상이 되는 하나의 전문 직업으로 입지를 굳힌 긍정적인 측면이 있다는 주장도 힘을 얻고 있다. 필자의 세대에는 인터넷 게임에 대한 부정적인 선입견이 커서 청소년들의 게임중독을 막기 위한 게임 일몰제(2014년 1월)를 도입하였다가 최근 이를 폐지한 것도 이런 배경에서 이해되어야 한다.

우리나라의 경우 2018년 8월 네이버에서 발 빠르게 출시

한 메타버스 플랫폼인 제페토(www.zepetto.com)는 중국과
일본, 미국 등 전 세계 200여 국가에서 2억 명 가까운 회원이
가입해 있다고 한다. 필자도 최근 모바일앱을 통해 가입하여
아바타 하나를 만들어 보았다. 초보자라도 쉽게 자신의 아바
타를 선택하고 머리, 모자, 안경, 상의, 하의, 양발, 신발 등을
자유자재로 꾸밀 수 있다.

제페토 상의 허호익의 동영상 아바타

　물론 유료의 구찌와 같은 명품으로 자신의 아바타를 '있
어 보이게' 할 수 있다. 아울러 나의 공간에 온갖 가재도구의
아이템을 구입, 배치하여 '현실의 나'가 아닌 '내가 꿈꾸는 내'
가 '나만의 가상 거주 공간'을 마음껏 꾸밀 수 있다는 점에서
새로웠다. 메타버스에서는 나의 아바타가 현실의 나의 삶과

전적으로 다른 '두 번째의 삶'(second Life)을 누리며, 자신의 창작 아이템을 2억 명의 전 세계 가입자에게 팔아서 수익을 창출할 수 있는 시대가 되었다.

남녀노소를 막론하고 유튜브를 통해 고수익을 창출하는 사례가 많아서 초등학생들의 장래 희망 중 높은 순위에 들어가는 것이 유튜버(youtuber)가 되는 것이라고 한다. 유튜브의 경우 동영상을 무료로 쉽게 올릴 수 있는 플랫폼에서 조회 수에 따라 광고 수익을 분배하는 수익 구조를 갖췄지만, 메타버스의 경우 가상세계와 현실 세계를 매개해 주는 메타버스 시대의 새로운 화폐가 등장한 것이다. 그게 바로 비트코인에 사용된 암호 화폐 기술을 응용한 NFT(대체 불가능한 토큰, Non Fungible Token)이다. 그동안 인터넷상의 가상자산에 해당하는 데이터들은 대부분 무료로 무한 복제되었다. 기존의 가상자산과 달리 디지털 자산에 별도의 고유한 인식 값을 부여하고 있어 임의로 복제하여 사용할 수 없도록 하는 기술이 NFT이다.

최근에는 메타버스 환경에서 고미술품이나 창작물에 이러한 고유한 인식표를 부여하여 유료로만 거래가 가능하게 되자 새로운 창작과 유통의 세계가 열린 것이다. 전 세계적으로 NFT 거래량이 전년에 비해 170배 성장하여 14조 원에 육박하였다고 한다. 필자의 세대에겐 낯설지만 태어나자마자 인터넷과 모바일 환경에서 자란 MZ세대에 해당하는 초등학생들이 가장 많이 '놀이와 체험과 탐구와 수익 창출의 상상력의 공간'에 참여하고 있다고 한다.

제페토와 같은 새로운 창작 생태계를 포함한 무수한 메타버스 플랫폼이 만들어지고 있다. 예를 들면 생산시설을 실제 공장과 가상 공장을 동시에 구축하여 서로 연계시켜 놓으면 직업자 교육, 점검 검사, 원격 지원, 현장 수리, 물류시스템을 메타버스 플랫폼에서 시행할 수 있다. 실제 공장에서 위험한 사고가 났을 경우, 가상 공장에 관리인 아바타를 보내 수리를 할 수 있다는 것이다. 가상의 백화점에 나의 실물 크기의 아바타를 보내 전시된 옷을 입어 보고 구입하면 실제의 상품이 배송되는 일이 앞으로는 다반사가 될 것이다. 이처럼 실제와 가상의 연계가 가져올 혁명적인 상황은 우리의 상상을 초월할 것으로 예상된다.

지난 7월 국보 제70호이자 유네스코 세계기록문화유산인 『훈민정음 해례본』이 국내 최초로 블록체인 기술을 이용한 디지털 자산인 NFT로 발행한다고 발표했다. 훈민정음

NFT는 총 100부로 한정 발행되며 001번부터 100번까지 고유번호가 붙어 권당 1억에 구입할 수 있다고 한다. 이로써 훈민정음 본연의 정통성과 희소성을 증명함으로써 디지털 자산으로서의 가치를 인정받게 된다. NFT 기술로 인해 메타버스 세계에서는 무한한 형태의 거래가 가능해진 것이다. 세계 3대 박물관에서도 대가들의 작품을 판매할 계획이라고 한다. 일반인들도 자신만의 작품을 메타버스 플랫폼에 전시하여 판매하거나 자신만의 각종 수집품을 구매하여 특정한 메타버스 박물관을 여는 사업이 가능해진 것이다.

작년에 개설된 메타버스 상의 가상 부동산으로 구글에서 실제로 거래가 되는 어스2(www.earth2.io)가 있다. 어스2는 구글의 3차원 지도 '구글 어스'를 기반으로 제작된 가상 부동산 메타버스 플랫폼으로 가상 지구를 가로, 세로 10m 단위 타일로 쪼개서 판다. 어스2에서 청와대 시세는 1만9,330달러(약 2,280만 원)이다. 어스2에 따르면 국가별 이용자의 자산 규모 중 한국 이용자의 자산이 세계에서 가장 많다. 특히 현실에서도 인기가 높은 서울 도심지인 고가 주거 지역이 빠르게 마감됐다. 미국에서는 자신이 구입한 가상의 토지에 가상 주택을 세우거나 리조트를 짓고, 쇼핑몰이나 건물을 세워

'어스2' 사이트의 초기 화면 로고

분양하기도 한다. 현실의 지구에서는 땅 한 평 소유하지 못
했지만 메타버스 플랫폼인 어스2에서는 가상부동산을 매입
하여 건축도 하고 매매도 할 수 있는 세상이 되었다. 두 개의
세계가 주어진 것이다.

　메타버스 시대에는 전쟁의 양상도 크게 달라지고 있다.
백병전, 기마전, 전차전, 항공전, 미사일전, 핵전쟁을 거쳐
서 이 앞으로는 하늘, 바다, 육지, 우주에서도 적용되며 레
이다나 통신 또는 다른 체제를 목표로 전자공격(EA), 전자
보호(EP), 전자지원(ES)으로 세분화되는 전자전(electronic
warfare, EW)이 가능해졌다. 전자전은 상대방의 전자기 스펙

트럼 또는 지향성에너지 무기를 제어하여 스펙트럼을 통해 정밀 타격하는 적의 전자전 기기들을 무력화시키고 방해하는 것을 말한다. 1990년 걸프전에서 다국적군의 전자전 공격으로 이라크군의 방어시스템과 지대공 미사일을 무력화하는데 이러한 전자전 전술이 실전으로 시행되었다. 전자전은 종래의 인명 살상이나 시설물 파괴 없이 전쟁의 수행을 통해 얻으려는 목적을 달성할 수 있기 때문에 전쟁의 양태가 새로워질 것으로 보인다. 이러한 전자전 훈련을 메타버스 상에서 시행할 수 있으니 전술 훈련 비용을 줄이는 획기적인 기술이라고 할 수 있다.

이처럼 메타버스 상의 원격교육, 원격의료의 가능성도 무궁무진할 것으로 예상된다.

4. 스마트폰에서 스마트 안경 시대로 전환

무엇보다도 스마트폰을 대체하게 될 스마트 안경의 개발이 한창이라고 한다. 인터넷의 기능을 모두 구현하는 스마트폰이 등장하여 유비쿼터스 세계를 열었다면, 수천 개의 위성과 연결되고 11개의 카메라를 장착하여 하루 종일 충전 없이 사용할 수 있는 스마트 안경은 3차원 입체영상을 구현하는 메타버스 세계를 대중화하게 될 것이다.

현재에 개발된 스마트 안경은 화소가 낮거나 무게가 무겁거나 가격이 비싸거나 스마트폰과 연계하여야 사용할 수 있는 수준이지만, 전문가들의 견해를 종합해 보면 수년 내에 3,000화소의 고화질 입체영상 디스플레이를 장착한 100그램 미만의 스마트 안경을 100만 원 내외의 가격으로 판매 가능할 것으로 예측된다고 한다. 그리고 스마트폰과 연동하지 않고서도 스마트 안경 자체의 운영 시스템으로 독자적으로 메타버스를 구현할 수도 있을 것이라고 한다. 이를 위해서는 현재의 5G 통신보다 5~50배까지 속도가 빠른 6G 기술이 요구된다고 한다.

페이스북은 메타버스 플랫폼으로 개편하고 로고를 메타버스로 바꾼다고 한다. 네이버와 카카오 역시 메타버스 플랫폼으로 개편하여 일종의 '네이버 유니버스'와 '카카오 유니버스'를 구축하겠다고 선언하였다. 삶의 전반에서 현실과 비현실이 공존하는 기업형, 생활형, 엔터테인먼트 형 메타버스 세계라는 신세계가 다가오고 있는 것이다.

5. 4차 산업혁명과 메타버스의 문제점

그러나 이 신세계가 장밋빛만은 아니다. 바퀴가 발명되자 마차와 전차(戰車)로 분화되어 전자는 생산의 도구로, 후자는 대량 학살의 전쟁의 도구로 진화한 것처럼 모든 도구나 기술 자체는 순기능과 역기능의 양면성은 지니고 있다. 도구가 정교하고 광범위하게 사용될수록 그 부작용도 비례한다는 점이 과제로 남아 있다.

첫째로 제4차 산업 시대는 거대한 자본과 고도의 기술이 결합되어 생산의 3대 요소 중 하나인 노동을 격감 시킬 것으로 예상된다. 인공지능과 로봇과 소수의 고급 기술자들이 모든 생산 영역을 담당하는 필연적인 결과로 산업 전반에서 노동 인력이 격감하고 일자리 감소로 인한 빈부 격차와 양극화가 기하급수적으로 늘어 날 것이다. 따라서 기본소득제의 도입과 같은 대안이 없이는 엄청난 사회적인 혼란이 불가피할 것으로 보인다.

둘째로 제기되는 문제는 메타버스 내의 불법 행위와 이에 대한 사법권의 행사에 관한 것이다. 세컨드 라이프와 같은 가상세계에서 불법 거래, 도박, 사기, 매춘 등 범죄가 발생하며 새로운 사회적 문제로 떠오를 것이다. 자율주행차가 사고가 났을 경우 시스템의 문제인지, 차량의 기계적 결함인지, 탑승자(또는 운전자)의 과실인지 그 복잡한 귀책 사유를 검증할 수 있어야 책임 소재를 밝혀 법적 책임을 물을 수 있다. 메타버스 상의 특정 행위를 범죄로 처벌할 규정을 마련한다 해도 가상세계는 물리적 장소 개념을 적용하지 못하므로, 법적 문제가 발생할 경우 재판 관할에 문제가 추가로 발생한다.

셋째로 가상화폐가 새로운 거래 수단으로 등장하고, 가상세계의 경제 규모가 커지면서 파생되는 탈세와 소득에 대한 과세 문제가 제기된다. 메타버스 상의 과세와 탈세의 경우 세무 관할지역이나 재판 관할지역의 문제도 제기된다.

넷째로 특히 현실과 사회·경제적 활동 양상이 닮은 메타버스에서는 기존 온라인 게임과 달리 세컨드 라이프를 일상생활로 인식하며 과몰입이 심화될 가능성이 높다. 가상세계에 지나친 몰입으로 현실의 일상은 황폐해지고, 정체성 장애가 발생할 가능성도 문제로 제기된다.

6. 문명사적 행운아

    필자가 비서로 있으면서 모셨던 고 백낙준 명예총장님은 자신의 생애 동안에 전기, 전화, 라디오, 영화, 자동차, 기차 같은 것들이 생겨났다고 말씀하곤 하셨다. 그러나 1894년에 태어나 1985년까지 생존하신 그분은 컴퓨터, 인터넷, 스마트폰, 네비게이션, 카카오톡 같은 것들은 알지 못한 채 돌아가셨다. 그분은 1차, 2차 산업사회는 경험하였지만, 3차 산업사회의 절정과 4차 산업사회는 경험하지 못했다. 반면에 1990년 전후에 태어나서 인터넷과 스마트폰 환경에서 자란 MZ세대는 농경사회와 초기 사업사회에 대한 경험을 하지 못한 세대이다.

    필자는 농촌에서 태어나지 않았지만, 초등학교 때 모심기와 벼 베기 농촌 봉사도 하였고, 중학교 시절엔 전교생이 토끼몰이를 하느라 학교 뒷산을 온통 에워싼 경험도 있다. 방학에 외가에 가서 한 달 동안 지내면서 매일 외사촌을 따라 동네 아이들과 이산 저산으로 소 먹이러 다녔고, 개울가에서 천렵(川獵, 하천의 물길을 막아 고기를 잡는 것)을 한 적도 있다. 이처럼 지금은 모두 사라진 농경 생활을 체험할 수 있었던 것이다.

　이런 관점에서 보면 필자와 같은 세대는 '문명사적 행운 아'이다. 1951년에 태어나 마이카 시대와 스마트폰 시대를 거치는 동안 1차에서 3차 산업사회까지 모두 경험했고, 운이 좋아 몇십 년 더 살게 되면, 인공지능과 사물인터넷과 메타버스가 구현될 스마트 안경을 쓰고 자율주행차를 타게 될 터이니 4차 산업사회까지 온전히 경험하게 될 것으로 기대해 본다.

메타버스 시대의 메타 신학

김상일
전 한신대학교 철학과 교수

'metaverse'는 'meta-'와 '-verse'의 합성어이다. 'uni-verse'에서 uni-를 meta-로 대치한 신조어이다. 'universe'에 대하여 'multi-verse'가 주장되면서 두 말을 다 포함하면서도 초월할 수 있는 말로 'metaverse'가 대신하고 있다. 그런데 이러한 '하나'와 '여럿'을 단 하나의 단어로 표현할 수 있는 우리말은 '한'(Han)이기 때문에 metaverse는 'Hanverse'라할 수 있을 것이다. '-verse'란 '세상'을 그래서 'Hanverse'

는 '한세상'을 의미할 것이다.

'meta'란 말이 신학하는 사람들에게 새로운 것은 아니다. '회개'의 그리스어가 'meta-noia'이기 때문에 '메타-신학'이란 차라리 사족과 같다. 철학에서는 아리스토텔레스가 형이상학을 'meta-physics'이라 했으며, 최근에는 'meta-meta-physics'(edited by David J. Chalmers, Oxford University Press, 2009)를 비롯하여 F. 카울바하,『윤리학과 메타윤리학』(서울: 서광사, 1995)의 'meta-ethic' 그리고 장회익,『과학과 메타과학』(서울: 지식산업사, 1993)까지 거론되고 있다. 이들은 주로 분석철학자들의 손에 의해 논리학에서 유래되어 메타개념을 거론하고 있다는 점에서 그 한계를 벗어나지 못하고 있다.

최근 거론되고 있는 메타버스에 근접하는 개념으로서 메타는 Gregory Stock의 METAMAN(메타인간, Simon and Schuster, 1993)이 아닌가 한다. 그 이유는 이 책의 부제로 'The Merging of Humans and Machines into a Global Super-organism'는 가상세계와 현실 세계의 교류와 소통으로서 메타개념을 다루고 있기 때문이다. 저자는 책에서 '메타인간'이란 "더 많은 지식과 더 많은 견문과 더 많은 힘을 가진 메타인간은 신과 같이 되는 것으로서, 메타인간의 등장과 함께 우주의 참된 힘과 그 악독함을 알게 될 것이다"(244쪽)라고 정의하고 있다.

한국 출판가에 이미 나와 있는 김상균의『메타버스』(플랜비디자인, 2020), 진기엽, 이용태의『뉴 메타버스』(2021), 제롬 글랜의『메타 사피엔스가 온다』(비즈니스북스, 2021) 등은 메타버스 시대를 재촉하는 전령사들과 같다고 할 수 있다. 이에 발맞추어 연세신학이 '메타버스 시대의 신학과 목회'을 기획한 것은 시의적절하다고 본다. 1950년대부터 연세신학은 한국 신학계의 가장 첨단을 지향해 왔었다. 이에 필자는 신학이 메타버스에 동승하기 위해 어떻게 변해야 할 것인가라는 관점에서 글을 쓰기로 한다. 기독교 신학이 2,000여 년 동안 견지해 온 신학의 기제 장치는 '사도신경'이었다. 그래서 사도신경을 중심으로 메타버스를 이해하기로 한다.

"전능하사 천지를 지으신 하나님을 믿사오며…."

이는 메타버스가 가장 견지하기 힘든 교리가 될 것이다. 우리는 지금 어거스틴에 의하여 틀이 잡힌 서방 기독교의 교리 체계를 그대로 지키고 있다. 창세기는 제4 빙하기 이후 홀로세(holocene)를 배경으로 기록되었다고 할 수 있다. 그러나 세계 층서학회는 2021년 5월부터 '인류세'(anthropocene)로 명명하였다. 인간이 산 흔적으로 이렇게 지구의 층서를 정한 것은 처음이다. 에덴동산은 중심과 주변이 엄격하게 나뉘어 중앙은 금단의 영역이었다. 이곳을 범한 것이 원죄가 되었고, 여기서 타락 교리가 나온다. 그러나 블록체인(blockchain)의 시대와 함께 이런 탈중앙화의 시대가 도래했으며 특히 금융계에서 이는 피할 수 없는 현실이 돼 가고 있다. 메타버스의 메타개념에서 탈중앙화는 가장 피할 수 없는 주요 개념이 돼 가고 있다. 탈중앙화와 함께 '전지전능하신 하나님'은 가장 지키기 어려운 신관이 될 것이다. 엘로힘 신에 대하여 뱀은 인간에게 탈중앙화로 강력히 유혹하고 있었다. 아인슈타인의 상대성이론 등 현대 과학혁명은 주로 뱀의 논리에 근거한 것들이다.

어떻게 대처할 것인가? 이에 화이트헤드의 과정철학에 의한 과정신학은 전지전능한 신개념에 회의적이었으며 이에 '고난받는 신'으로 대처한다. 그리고 이것은 신약의 신관과 맥락을 같이 한다고 본다. 메타버스와 함께 인간들은 그

동안 펜을 손에 쥐고 펜을 찾은 오류를 자각하게 될 것이다. 이 말은 신이 인간 자신 그 자체라는 것을 자각하게 될 것이며 유발 하라리는 이를 '호모 데우스'라고 했다. 동학의 '인내천' 같은 신관이 될 것이다. 이는 신을 찾는 방법의 어리석음과 오류를 말하는 것이지 신 자체가 변한 것은 아니다. 앞으로는 '호모데우스'를 넘어 '호모호모'가 될 것이며 이는 성육신된 '예수'를 두고 하는 다른 말이다. 이렇게 메타버스와 함께 예수의 진면목을 발견하게 될 것이다.

신이 흙을 빚어 인간을 만드는 교리는 메타버스 시대에 큰 호응을 받고 있다. 메타버스 개념에 필수적으로 포함되는 것은 '생명복제'이다. 다시 말해서 창세기 기자가 인간이 신의 손에 의해 기계를 조립하듯 흙을 빚었다고 하는 것은 기계의 연장이 마치 인간 같이 되는, 즉 인간을 비롯한 모든 생명이 시계공이 기계 부속을 조립하는 것과 같고, 이 기계가 영혼까지 갖게 되기까지 진화한다는 기록은 창세기 P기자의 탁월성을 보여주는 것이라 한다. 2030년경에는 감정과 영혼이 있는 AI가 등장할 것이라고 한다. 지금까지 인간들은 인간이 동물과 다른 점에서 인간의 정체성을 정립해 왔다면, 앞으로는 인간이 기계와 다른 점이 무엇인지에서 인간의 정체성을 물을 것이다. 노아 방주가 새로운 조명을 받고 있다. 멸종하는 생명체의 유전자를 영구 보존하는 것을 두고 노아 방주에 비유하고 있다. 생명복제의 시대란 '인간 만들기'의 시대의 도래를 예고하고 있다. 우리는 여기서 기자의 기록물로서 창세기를 읽는다는 것 자체가 메타맨이 되었다는 것을 의미한다. 이제는 진보와 보수를 메타를 기준으로 나누어 보아야 할 것이다. P기자는 이런 점에서 탁월한 글쓰기 기법을 가지고 있었던 것이다. '신학하기'란 항상 새로운 시대에 글쓰기를 창조적으로 하는 행위라 할 수 있다. 이에 대한 자세한 기록은 한스 퀸터의 『인간, 아담을 창조하다』와 숀 게리시의 『기계는 어떻게 생각하는가』를 참고하길 바란다.

"그 외아들 우리 주 예수 그리스도를… 성령으로 잉태하사 동정녀 마리아에게 나시고… 장사한 지 사흘 만에 죽은 자 가운데서 다시 살아나시며 하늘에 오르사…"

'메타버스'는 '가상', '초월', '무한', '포괄'을 의미하는 메타와 우주를 뜻하는 '버스'의 합성어로서 웹에서 '아바타'를 이용하여 현실 세계를 복제 또는 새롭게 창조한 2D 혹은 3D라는 가상세계를 두고 하는 말이다. 이러한 메타버스 개념은 기독론과 성령 그리고 부활 신앙을 그대로 받아들이게 할 것이다. 부활 신앙 없이 기독교는 예수의 죽음과 함께 끝나고 말았을 것이다. 『뉴 메타버스』의 저자는 메타버스란 하늘을 나는 꿈을 실현하는 것이라고 쉽게 정의하고 있다. 전 시대의 과학은 기독교의 기적과 부활 신앙 같은 것을 비과학적이라 부정하는 경향이 있었다. 그러나 메타버스 시대는 이러한 신앙을 아주 쉽게 용납하고 받아들일 것이다. 엠마오로 가는 길에서 세 사람의 행인이 부활한 예수를 만나 대화를 나누는 장면은 유비쿼터스 그 자체이다. 이렇게 부활 신앙은 메타버스와 함께 아무런 거부감 없이 자연스럽게 받아들여질 것이다. 시간적으로 영원과 공간적으로 초월의 내재는 과거 어느 시대보다 기독교가 수월하게 받아들여지게 할 것이다. 그러나 메타버스와 함께 신학자들이 교리 정비를 하는 것은 또 다른 과제라 할 수 있다.

메타버스와 함께 빼놓을 수 없는 것이 '아바타'이다. 앞으로 소비자는 디지털이 만들어 낸 가상의 세계에서 놀고 배우고 쇼핑하며 살아가게 될 것이다. 자신의 아바타를 통해 현실과는 구별되는 삶을 살게 되는 데 그곳에서 경제활동까지

할 수 있게 된다. 자기와 똑같이 생긴 아바타가 옷을 입어 보거나 화장까지 하게 돼 아바타는 가상현실, 러닝머신, 네트워크를 융합, 가능하게 할 것이다. 나자렛 동네를 중심으로 작은 행동반경 안에서 예수가 산 공동체는 아바타 공동체였다. 아바타 공동체가 곧 교회가 된 것이다. 교회는 현실 세계와 가상세계가 교차하고 결부되는 곳이다. 인간은 이제 고정된 하나의 장소에서 하나의 정체성으로 살지 않는다. 다양한 가상공간으로 들어가 각자 자신의 개성에 맞는 자아를 선택적으로 나타내면서 아바타로 살아가게 될 것이다. 아바타와 디지털 객체를 창조하는 것이 자신을 나타내는 주요한 한 방법이 될 것이다. 성령의 감화, 감동받은 자란 이러한 아바타로 탄생하는 것이라 할 수 있다.

"성령을 믿사오며, 거룩한 공회와 성도가 서로 교통하는 것과 죄를 사하여 주시는 것과 몸이 다시 사는 것과 영원히 사는 것을 믿사옵나이다."

하나님의 아들과 인간이 함께 산 나자렛 공동체의 연장인 교회를 메타버스에서는 '증강현실'이라고 한다. 증강현실이란 현실 세계+판타지를 두고 하는 말이다. 이 개념은 1990년 후반부터 등장했는데 현실 세계의 모습 위에 가상의 물체를 씌우는 것이다. 이는 국내에서도 인기몰이를 했던 '포켓몬고기' 개념과 같은 것인데 기적 혹은 신기함과 통하는 말이다. 부활한 예수를 만난 제자들이 경험한 것을 메타버스의 용어로 바꾸면 다름 아닌 '증강현실'일 것이다. 현실 세계를 배경으로 새로운 세계관을 만들고 참가자들이 서로 소통하는 방법을 두고 하는 말이다. 그래서 증강현실을 경험하게 되면 마치 초대교회가 부활을 경험한 것처럼 현실 공간을 배경으로 평행 우주 속의 다른 지구 속에 살아가는 것과 같은 느낌을 갖게 한다.

메타버스와 함께 빼놓을 수 없는 개념이 '플랫폼'(plat-form)이다. 이젠 기업을 비롯한 모든 회사가 정거장의 대합실 역할로 변해가고 있다. 교회는 예수의 재림을 기다리는 중간 지대의 대합실이어야 한다. 현재 기성 교회는 이를 저항하겠지만 미래교회는 코비드19와 함께 플랫폼화 돼 가고 있다. 성전의 돌 하나 남기지 않고 다 무너지고 말 것이라한 예수의 말은 교회가 대합실 역할을 하라는 지상 명령일 것이다. 재림이 임박했다고 하면서 대형교회를 짓는 이유는 무엇으로 설명할 것인가? 교회가 십일조의 십일조는 사회로 환원하는 것이 대합실 교회가 되는 첩경이다.

앞선 자가 뒤가 되고, 뒷선 자가 앞선다고 한다. 인공지능 분야에선 한국이 다른 나라보다 50년 뒤섰지만, 메타버스 분야에선 뒤지지 않고 있다. 아마도 메타버스 분야에선 한국이 앞으로 세계를 향도해 나갈 것 같다. 그러나 아무리 앞선다고 하더라도 인간이 변하지 않으면 인간 자신이 지금 자기가 하는 일을 모르는 형국이 될 것이다. 이렇게 메타버스 시대에 그 앞날을 가장 가로막고 어둡게 하는 것이 바로 교회이다. 위에서 지적한 대로 기도의 제일 처음에 나오는 '전지전능 무소부지하신 하나님'은 언제 변할지 기약할 수 없다. 이러한 신관이야말로 고대 그리스·로마 이교도들의 신관이다. 예수가 바로 이런 신관과 싸우다 십자가에서 고난당했다. '고난받는 신'을 당시 사람들이 받아들일 수 없는 것이 지금도 그렇다. 그리고 성경 기록을 기록자의 기록물로 읽지 않고, 신이 직접 쓴 축자영감설로 읽는 것은 가장 메타화가 안 된 예라 할 수 있다. 그래서 성경을 읽는 태도에서부터 메타화가 되어야 할 것이다.

"전능하신 하나님 우편에 앉아 계시다가, 저리로서 산 자와 죽은 자를 심판하러 오시리라."

사도신경에서 가장 우리를 암담하게 하는 구절이다. '지구 온난화' 문제는 메타버스의 미래 전망을 어둡게 한다. 해수면이 올라가고 있으며 북극과 남극의 얼음은 쉴 새 없이 녹아내리고 있다. 마태복음 기자는 지구의 종말과 함께 예수의 재림을 말하고 있다. 불의 심판을 말하고 있다. 지구의 종말이 있다는 생각을 이젠 지울 수 없다. 2030년경에는 인간의 평균수명이 100세 이상이 될 것이라고 하며, 100만 이상이 화성 여행을 다녀올 것이라 한다. 앞으로 외계인과 조우가 되는 날이 온다면 그리고 다른 위성으로 인간 이주가 가능해진다면 그땐 과연 어떤 신관이 나타나야 할 것인가? 유토피아와 디스토피아를 메타버스는 모두 예견하고 있다.

'메타+노이아,' 그것은 의식의 차원이 달라진다는 것을 의미한다. 그런데 교회는 그 의미를 윤리적으로 변경하고 말았다. 다시 말해서 죄짓지 않는 것 그리고 지은 죄를 회개하는 것으로 바꾸고 말았다. 그러나 메타는 의식의 차원을 달리하라는 의미이다. 아무리 윤리적으로 죄짓지 않아도 의식의 차원이 한 차원 변하지 않으면 다람쥐 쳇바퀴 도는 회개 밖에 되지 않는다. 교회의 인구는 많아도 사회를 변화시키지 못하는 것은 의식의 차원이 변화하지 못하고 있기 때문이다. 그런 의미에서 메타버스의 동승자들은 '메타맨'이어야 하고 메타맨에겐 메타-노이아가 선결 과제이다.

세례 요한이 광야에 나타나 '메타-노이아'라고 외치는 모습은 오늘날 메타버스 세상을 내다 본 선견지명이 아닌가 생각해 본다. '메타생각'이란 '생각 위의 생각'을 하는 것을 의미한다. 마르셀 푸르스트는 "진정한 발견이란 새로운 땅을 찾는 것이 아니라 새로운 눈을 갖는 것이다"라고 했다. 요한도 예수도 새로운 눈, 즉 메타 생각을 하라고 했다. 이것이 진정한 의미의 '회개'인 것이다. 메타버스는 우리말로 '한세상'이다. 한세상은 하나(Universe)이면서 여럿인(Multiverse)인 것을 두고 하는 말이다. 이 두 세상을 결합시키는 것이 메타버스이다. 철학은 이미 '메타-메타'를 연구하고 있다. 신학도 생각 위의 생각 위의 생각을 해 나가야 할 것이다. 그러나 오늘날 교회의 현실은 암울하기만 하다. 점점 더 보수화되어 가면서 축자영감설과 이교도적인 전지전능한 신을 믿는 것을 정통인 것으로 착각하고 있기 때문이다. 분명히 말하건

대 이런 신은 이교도의 신관이지 예수의 신관이 아니었다. 이런 신관은 성육신을 정면으로 부정하는 신관이다. 메타버스와 동승하기 위해서는 몰트만의 '십자가에 달린 하나님'(Crucified God)에 경청해야 할 것이다.

메타버스는 우리 한국문화와 불가분리적 관계가 있다. 요즘 한류가 전 세계인들의 심금을 울리고 있는 이유 역시 우리 문화의 글로칼(글로벌+로칼) 성격 때문이다. 지금 인간의 뇌는 합리적 사고와 이성적 사고를 지배하는 신피질이 너무 비대해졌기 때문이다. 3~4만 년 전의 호모-사피엔스의 등장은 신피질의 비대와 함께 출발한다. 비판받고 있는 '존재신학'이란 언어에 편승한 신학이 로고스 중심 신학에 대한 비판이다. 그렇다면 '호모호모'는 뇌의 신피질이 그 아래층의 포유류와 동물적 본능의 층 변연계와 균형을 이루는 신인간이 될 것이다. 이 말은 지금의 인간들이 지금보다 훨씬 감성적이 되어야 한다는 것을 의미한다.

이성과 감성의 조화와 균형의 층은 샤머니즘 무층(巫層)과 철학 간의 중간층을 의미하며, 그 층을 두고 '선도문화'(仙道文化)라 한다. 신채호는 이것이 우리 민족 고유한 종교라고 한다. 인격신과 비인격신이 조화된 문화이다. 가상세계와 현실 세계의 구별이 없는 선도 문화는 이미 서양의 예술 세계를 주도하고 있다고 해도 과언이 아니다. 선도를 신채호는 '신교' 혹은 '랑교'라고 했다. 그러나 학계 일각에서는 이를 무층으로 오해하고 있다. 기독교의 동정녀 탄생과 부활 신앙이 한국에서 쉽게 수용될 수 있었던 이유도 선도 문화 때문이다. 그런데 민족 종교 동학이 선도 문화의 결정판이라고 할 수 있다. 메타버스의 가상과 현실 세계의 융화가 우리 한국에서는 선도 문화를 통해 쉽게 이해되고 수용될 것이다. 바울의 말 "유대인은 표적을 구하고 헬라인은 지혜를 찾으나" 만큼 메타버스 시대에 공감을 얻을 말도 없을 것이다. 바울의 말은 이성과 감성의 중간이 십자가의 도라고 한 것으로 이해된다. 메타버스는 결코 우리 앞에 올 것이 아니고, 이미 우리한테 오래전부터 와 있었다. 메타버스와 함께 하루속히 서양 신학의 구각에서 벗어나길 바란다. 메타버스는 결코 미래가 아닌 우리 안에 있어 온 '오래된 미래'일 뿐이다. 그래서 메타-신학은 우리 민족 무의식 층에 깔린 무(巫)나 선(仙)층을 채굴하는 것이다. 무와 선층을 아울러 대표할 수 있는 말은 '단'(丹)과 '한'일 것이다.

나가면서

'메타'라는 말은 논리학과 기호학에서 역설을 조장하는 언어로 등장한다. 바벨탑이란 언어의 메타화로 무너지고 만다. 그래서 '메타는 없다'고 한 라캉에 대하여 메타-신학은 답을 해야 할 것이다. 메타버스가 현실과 가상을 순환시키지 못하고 전자가 후자에 후자가 전자에 대하여 위계적이 될 때에 메타버스의 바벨탑은 무너질 것이다. 전지전능 무소부재의 신은 우리를 지금 한없는 가상세계(천국과 같은)로 들어가게 했으며, 한국교회는 메타화의 함정에 빠져 있다. 라캉의 말에 귀 기울이며 메타-신학을 정립해 나가야 할 것이다. 세례 요한의 '메타-노이아'를 다시 생각하며 글을 마친다.

메타버스(metaverse) 시대의
소통 문제와 신학적 소회(素懷)

서정민

일본 메이지가쿠인대학 교수

1

지난달 한국에서 개최한 '아시아기독교사학회' 창립 10주년 기념 학술대회에 논문을 발표했다. 물론 온라인 줌으로 이곳 도쿄에서 접속했다. 뿐만 아니라 지난여름에는 한국의 '기독교역사연구소'가 기획한 연속 시리즈 강좌에 강사로 온라인 특별강의를 매주 진행했다. 그리고 바로 며칠 전 필자가 소장의 책임을 맡고 있는 소속 대학의 연구소가 주최한 공개 강연회의 강사가 한국에서 줌으로 접속하고, 필자는 이곳에서 모임을 주최하여 프로그램을 성황리에 마쳤다. 이 글을 쓰는 오늘 오후에도 한국에서 진행되는 학회의 연구 모임에 역시 참가할 예정이다. 더구나 이 모든 학회, 강연, 강좌 프로그램에 참여하는 이들은 한국과 일본, 미국, 유럽, 아시아 여러 나라, 더구나 이곳 일본에서도 원래는 비행기나 고속철도를 이동하지 않으면 안 될 간사이, 규슈, 동북 지역, 홋카이도가 모두 망라된 지역에서 실시간 프로그램에 접속, 참여하였다. 그 정도가 아니다. 이미 2년 이상 필자는 극히 일부의 대면 강의, 세미나식 수업, 논문지도 그리고 소규모의 대면 모임이 있긴 하지만, 대학에서의 대부분 강의, 교수회의를 비롯한 여러 회의, 위원회 등등이 모두 온라인 접속 방식이다. 심지어 한일 간을 불문하고, 몇몇 친구들과의 사적 모임, 흩어져 사는 가족과의 만남도 계속 온라인으로 진행하고 있다. 이것이 결코 필자만의 상황이 아닐 것이다.

코비드19 팬데믹은 그야말로 현 인류가 경험하는 가장 큰 전 지구적인 위기이다. 그동안 지속되어 온 전쟁, 자연재해 등등도 큰 위기였음이 분명하지만, 이처럼 전 인류가 공통으로 직면했던 공포, 불안, 극복해야 할 과제는 사실 처음이다. 이는 단지 감염 위기, 생명에 대한 불안, 방역, 예방, 치료에 대한 대처의 공포가 근본적인 것이기는 하지만, 그것이 전부가 아니다. 그것과 더불어 현대 사회의 가장 큰 특징인 커뮤니케이션과 빈번한 원근 지역 왕래, 인적, 물적 소통이 차단됨으로 인한 역동적인 활동의 함몰 현상 또한 무시 못 할 공포로 다가들었다. 물론 거기에는 경제활동의 브레이크에 의한 또 다른 생존 위기도 함께 왔다.

지금까지 2년여, 더구나 앞으로도 지속적으로 등장할지 모르는 변형 바이러스로 인해 예측불허의 상황은 지속되고, 인류의 집단적 지혜로 이를 넘어서서 초극하는 기간이 얼마나 되며, 극복을 해도 어디까지 가능할지 당혹스러운 실정이 계속되고 있다. 특히 2년의 시간이란 초 현대 시대인 금세기의 시간적 농밀도, 여러 요소가 극도로 함축된 변동계측으로 보면, 역사에서의 연대표상으로는 수십 년, 혹은 수백 년에 해당할 시간의 폭일지도 모른다. 그래서 이 코비드 팬데믹 위기는 단순한 시간상, 공간상 통념으로 그 손실과 영향 범주를 쉽게 계산하기 어려운 만큼의 위기인 것이다.

2

이 글에서는 코비드 팬데믹 시대 이후, 소통의 문제, 더구나 우리가 더욱 구체적으로 직면하고 있는 신학과 교회의 위기, 전개, 전망에 대한 주제로 축소하여 몇 가지 소회를 밝히고자 한다.

'조크'에 가까운 이야기이지만, 이번 코비드 팬데믹 시대에 한 목사의 기도를 접했다. 요지는 이러했다.

"주여, 감사합니다. 이런 인류 전체의 위기에 앞서, 우리들에게 '줌'이라는 예배당을 예비하시고, 특별히 '와이파이' 성령을 준비하시어, '와이파이' 안에서 서로 소통하게 하심에 감사드립니다."

허허, 웃어넘길 수 있는 기도이기도 했으나, 촘촘히 생각해 보아야 할 내용으로도 여겼다. 필자로서는 결코 웃어넘기기만 할 기도는 아니었다.

필자가 활동하고 있는 일본은 교회의 규모가 약하다. 큰 교회라고 해도 회집 인원이 100명을 넘기가 쉽지 않으며, 대부분은 몇십 명 정도의 소규모 인원이 예배에 참여한다. 그럼에도 코비드 위기가 지속될 때, 특히 정부의 긴급조치가 발령되면 거의 모든 교회는 온라인 예배 형식에 따랐고, 그나마 어느 정도 안정된 이후는 이른바 '하이브리드' 예배, 즉 설교와 예식을 맡은 이들과 소규모의 인원만 교회로 출석하고, 나머지는 각 가정에서 온라인으로 접속하는 예배가 진행되고 있다. 물론 일본의 교회 규모가 워낙 작아서인지 몰라도 한창 팬데믹이 기승을 부리던 시기에도 교회를 중심으로 하는 집단 감염 사례 등은 보고되지 않았다. 오히려 한국의 교회, 혹은 신종교 그룹의 집단 감염 사례를 일본 뉴스로 자주 접할 뿐이었다. 아무튼 이제는 온라인 집회, 소통, 강의, 예배가 모두 어느 정도 정착의 단계에 들어선 것으로도 보인다.

필자는 인문학적 관점을 주로 가르치는 신학자로서 일생 내내 지적 소통, 논의, 전개 등등에 관심이 많았다. 여러 형태로 언급하고 주장했지만, 인문학이나 신학은 사람의 향기를 통해서 지적 소통이 가능하다는 입장에 다름 아니었다. 즉, 말을 바꾸면 오프라인의 대면, 즉 사람과 사람이 실제로 만나 소통할 때, 진정한 사고의 전이, 변화, 감동이 우러나올 것이라는 생각인 것이다. 그것을 교육, 특히 신학교육으로 바꾸자면 그러한 실제 소통 안에는 언어에 의한 자극, 전달,

전개, 변이도 있지만, 보이지 않는 여러 요소에 의한 잠재적 작용의 부분도 크게 기능한다는 생각이다. 필자는 모교에 재직할 때부터 늘 제자들에게 말해 왔다. 필자를 교육한 것은 교수들의 강의와 책, 토론의 언어뿐이 아니다. 모교 신촌의 캠퍼스, 신촌의 거리거리, 그곳에서 만난 수많은 사람, 심지어 청송대의 나무와 풀, 교정과 거리에 부는 바람, 냄새, 소리, 그 먹은 음식의 맛, 선생님과 친구들의 표정, 체취 등등 그 모두가 필자를 기른 잠재적 교육 주체였다고 했다. 그리고 필자의 제자들도 그렇게 길러지리라고 여긴다는 생각을 전했다. 물론 지금도 그 지론은 다름 아니다.

그러나 지금, 현재 필자와 여러 동지, 후배들은 그야말로 '메타버스' 시대를 살고 있다. 더구나 인류의 신 위기를 경험 중에 있으며, 그 안에서 전혀 새로운 소통의 프로세스에 앞장서지 않으면 안 된다. '메타버스'는 우선 그 범주를 우주적으로 설정한다. 학자들에 따라 이 말의 개념을 '가상'이나 조건을 설정하여 가상과 현실을 상호 교환해 가는 '온라인 개념'에 치중하여 말하는 이들도 많다. 대부분 동의하면서도 필자는 이 말의 개념 중에 '우주적 범주'에 더 주목한다. 이를 신학적 사유와 연계한다면 더욱 그렇다.

필자가 직접 체험하고 있는 대학 사회에서는 이미 비교적 젊은 층의 교수들이나 다수의 학생이 온라인 방식의 소통에 더 매료되어 가고 있다. 코비드 팬데믹의 첫 학기까지만 해도 온라인 강의나 토론, 회의 등은 일시적인 임시 대응으로 생각하던 이들이 이제는 이 방식을 메인으로 채택하고 싶어 한다. 실제로 경험해 가는 과정에서 상상할 수 없을 만큼의 편리한 결과를 알아내었기 때문이다. 그러나 대부분 그들 의견에 공감하면서도 필자는 조금은 보수적인 첨언을 하곤 한다. 강의나 토론이나 회의에서 온라인 방식이 어느 정도 주효하기 위해서는 두 가지 정도의 조건을 붙이면 좋겠다고 말한다. 첫째는 소통에서 공간은 전 세계, 심지어 전 우주적으로 확장시키더라도 시간은 동시에 같은 때를 맞추어 소통하자는 점이다. 둘째는 온라인 소통 주체 간에 공통의 기억, 공통의 경험을 공유하고 있었으면 좋겠다는 점이다. 그러기 위해서는 어디까지나 온라인과 오프라인 병용의 경험이 있는 소통집단이 온라인 효과에서 더 우위라는 것을 말하는 것이다.

예전부터 가끔 쓰는 말로 일부 기독교의 교파나 신도를 '성령파'라고 부르기도 한다. 필자는 물론 소위 '성령파'도 아닐 뿐 아니라 그 말 자체를 그렇게 선호하지 않았다. '성령파'가 있다면 '성부파'나 '성자파'도 있다는 말인가⋯. 진정으로 성령의 역사를 체험하자면 '성부에의 신앙'과 '성자의 기억'을 공유해야만 할 것이 아닌가 하는 원초적인 질문을 하기도 했다.

거칠게 생각하는 단상으로 바야흐로 '와이파이적 성령의 시대'를 사는 신학도, 목회자 그리고 크리스천들은 '와이파이 성령파'가 되어야 하거나 혹은 되어도 괜찮을 것 같다. 그러나 '성부에의 신앙'과 '성자의 기억'을 어김없이 공유했으면 좋겠다. 따라서 신학은 정녕 '메타버스' 세대를 맞아 조금 더 전향적인 토론에 앞장서야 할 것이다. 그리고 교회는 대면 예배, 대면 목회, 대면 상담만을 고집할 필요도 없다. 그러나 거기에 거듭 말하지만 '성부에의 신앙'과 '성자의 기억'만 함께 공유한다면 새로운 시대의 신학도, 교회도 바탕 자리를 지켜나갈 수 있지 않을까 한다.

메타버스 시대와
신학의 과제

박숭인

협성대학교 교수

기독교 신학은 그 신학이 처한 시대적 상황과 분리되어 존재할 수 없다. 신학은 인간의 학문적 노력과 지혜의 소산이고, 인간의 언어라는 한계를 지니고 있는 학문이기 때문이다. 동시에 기독교 신학은 시대의 문제에 직면하되, 시대를 초월하는 지혜를 선포하는 학문이다. 신학은 하나님의 말씀에 근거한 선포이기 때문이다. 이 두 가지, 상황적 제약과 하나님의 진리라고 하는 두 축이 신학의 근간을 형성한다. 오늘날과 앞으로 다가올 미래를 가늠하는 주제어 중 하나는 메타버스라는 새로운 세상이다. 인류에게 닥칠 미래의 중요한 현실이 메타버스라고 할 때, 신학이 그에 관한 논의를 하는 것은 신학이 수행해야 할 당연한 과제라고 생각한다.

역사적으로 신학은 시대적인 상황에 직면하여-긍정적인 방향으로든, 부정적인 방향으로든, 혹은 절충적인 방향으로든- 나름대로 응답을 해 왔다. 그리고 그 응답은 단순히 시대적 상황에 대한 평면적인 응답이 아니라 시대에 선포되어야 할 하나님의 말씀에 입각한 응답이었다. 로마제국의 통치하에서의 교회 제도 확립, 자연과학과의 학문적 충돌과 조화, 자본주의 경제체제와의 갈등과 순응, 세계화 상황에 직면한 신학과 교회의 자세, 정치적 독재와 폭력에 직면한 신앙인들의 입장, 가난과 빈곤의 문제에 직면한 신학과 교회의 자세 등 다양한 상황에 따라 신학적 응답은 여러 갈래로 나뉘었고, 각각의 응답에 따라 신학적 체계가 형성되었다.

이렇게 볼 때 우리가 조망하는 새로운 상황 중 하나인- 혹은 그 새로운 하나가 어쩌면 인류 역사를 새로운 패러다임으로 몰고 갈지 모르는 기대 혹은 우려와 함께- 메타버스에 대하여 신학적 응답을 하는 것은 신학이 회피할 수 없는 중요한 과제로 보인다. 그런데 메타버스와 신학을 논한다는 것은 신학이 직면하는 여타의 시대적 상황과는 다른 결을 가진다. 기존에 신학이 직면하고 응답해야 했던 상황이 구조적으로 일차원적인 물리적 상황에 대한-하나님의 말씀이라는 차원에서 응답한다는 의미에서- '메타'적 응답이었다면, 이제는 신학이 직면하는 상황 자체가 '메타'라는 가면을 쓰고 등장한 것이다. 이러한 형식적인 변형, 즉 스스로가 일차원적인 물질적 세상을 초월했다는 가면을 쓰고 등장한 '메타'버스의 성격 외에도 신학이 응답해야 하는 대상의 본질적 성격도 변형되었다. 이전에 신학이 직면해 왔던 세상의 상황은 하나님이 창조하신 세상이라는 기본적인 전제가 있었다. 그러므로 그 상황들은 하나님의 말씀을 세상에 전해야 하는 소명을 가진 신학이 하나님의 말씀에 입각해서 책임을 가지고 응답해야 할 상황이었다. 그런데 메타버스는 하나님이 창조하신 세상이 아니다. 물론 넓은 의미에서 보면 인간의 창작품 또한 하나님의 창조 세계에 속한다고 말할 수도 있다. 그러나 메타버스 내부 세계는 어떻게 평가할 수 있을까? 비슷한 다른 질문을 던질 수 있다. 인간이 만든 AI가 또 다른 AI를 만들었을 때, 그 AI는 인간의 작품일까, AI의 작품일까? 알파고를 통해서 잘 알려진 deep learning을 인간의 지식의 연장이라고 말할 수 있을까? 오히려 AI의 자체 학습 능력으로 보는 것이 일반적인 견해 아닌가?

우리를 몰아가는 4차 산업 혁명의 거대한 흐름은 예전에는 제기하지 않았던 여러 종류의 물음들 앞에 우리를 몰아세웠다. 그리고 계속 몰아세울 것이다. 메타버스로 등장하는 인간의 새로운 창조 세계는 그중 하나이지만, 그 내포된 의미로 볼 때는 전체를 포괄한다. 신학적으로 볼 때 어쩌면 새로운 창조 세계를 대두시키는 것이기에 그러하다.

다른 측면으로부터 논의를 지속하고자 한다. 코로나19로 인한 대학교 교육의 변화와 일상 만남의 변화는 기존의 사고 틀을 전적으로 바꾸었다. 대면적인 교육과 학술 만남이 비대면적인 만남으로 변화하는 데에는 그다지 긴 시간이 요구되지 않았다. 그리고 어느 순간엔가 비대면 교육과 토론이 일정 부분 더 편하고 효율적인 방식으로 인지되게 되었다. 강의실에서 서로 얼굴을 맞대고 지식을 전달하고 의견을 교환하는 전통적인 대학교 교육의 틀이 바뀌는 것은-그리고 예전에는 이러한 비대면 교육에 반대하던 교수들까지 그 방식에 익숙해지는 것은- 실로 순식간의 일이었다. 학술 모임도 비대면 방식이 여러 면에서 편리하고 효율적인 방식으로 자리 잡게 되었다.

교회의 전통과 신앙고백 그리고 신학적 가르침에 따라 우리는 스스로를 하나님의 피조물, 하나님의 형상, 죄인인 동시에 구원받은 자, 하나님의 은혜 안에서 새로운 피조물 등으로 고백한다. 그리고 우리의 옛사람이 회개를 통해서 새사람으로 거듭남을 믿는다. 여기에는 거듭남을 통한 옛사람과 새사람의 연속성이 있으며, 옛사람이 새사람으로 되는 사이에 깊은 심연이 있다.

발칙할 수도 있는 메타버스 시대의 인간상을 상상해 본다. 나 자신의 실존에 대해서 회의가 생기거나, 나의 옛사람을 벗어버리고 싶어지면 이제는 나의 아바타를 새롭게 창조하면 된다. 그리고 나의 삶의 중심을 현실에서 메타버스로 이동하면 된다. 유니버스와 메타버스가 충분히 호환 가능한 세상이 도래한다고 생각해 보자. 그리고 메타버스를 더 실제적인 세상으로 지각하는 세대가 등장한다고 생각해 보자. 메타버스에 학교와 교회가 세워지고, 그 학교와 교회에 출석하는 것이 현실적인 만남보다 더 현실적으로 느껴지는 세상이 도래한다고 생각해 보자. 의식주와 같은 전적으로 육체적인 차원의 일들만 유니버스에 남고 정신적 활동 내지, 영적인 활동의 세상은 메타버스의 일로 자리 잡는다고 생각해 보자.

발칙한 상상의 세상에서-별로 멀지 않은 미래에서- 우리 신학자는 무엇을 말할 수 있을까? 혹은 그 미래를 내다보며 무엇을 이야기해야 할까? 교회는 어떻게 변모해야 할까? 혹은 어떻게 변하지 않을 수 있을까? 역사 속에서 그러했듯이 아마도 두 가지 큰 흐름이 등장하리라 생각한다. 하나는 기독교는 메타버스와 같은 그러한 세속의 물결을 거슬러 가야 한다는 입장이다. 그리고 다른 하나는 교회가 메타버스라는 트렌드에 발맞추어 지혜롭게 변화해야 한다는 입장이다. 메타버스라는 트렌드를 거부하고 싶은 신학적 입장이 있는가 하면, 메타버스에서 정체성을 찾는 미래 세대를 위한 목회적 고려도 있을 수 있다. 현재로서는 이 중 어느 것이 하나님의 뜻을 올바르게 받드는 것인지 판단할 수 없다. 분명한 것은 마틴 부버의 말처럼 자신의 주장을 끝까지 밀고 나가면 그것이 이단이라는 점이다. 우리가 미래를 보고 결단하는 신학적 입장은 그보다 더 먼 미래에 이르러서야 바르게 평가될 수 있을 것이다. 이 두 가지 입장 사이의 길을 인지하면서 조심스럽게, 그러나 동시에 매 순간 하나님의 뜻을 물으면서 회피하지 않고 용감하게 걸어갈 길을 선택하는 것이 신학자가 짊어져야 할 운명이리라. 하나로 고정된 길이 아니라 스킬라와 카리브디스 사이의 좁은 물길을 따라 항해하는 뱃사공처럼….

메타버스 시대의 신학

이명권

코리안아쉬람 대표

디지털혁명의 시대에 신학과 목회는 지금 어느 자리에 있는가? 가상현실(Virtual Reality)이 현실이 되고, 현실은 다시 가상의 세계로 비약해 간다. 이러한 상호 교차적 현실 속에서 메타버스의 산업화는 이미 세계 시장 규모에서 2021년에 460억 달러를 점유하고 있고, 2025년에는 무려 5배가 넘는 2,800억 달러의 규모로 전망되고 있다. 이렇게 폭증하는 메타버스 시대의 산업 전망에 따라 기독교신학과 목회의 역할은 어느 정도이며 또 그 방향은 어떠해야 할지 생각해 보는 것도 의미 있는 일이다.

근대사에서 자본주의의 발달과 기독교의 성장은 일정 정도 궤도를 같이해 왔던 것이 사실이다. 이는 베버의 『자본주의 정신과 개신교의 윤리』라는 저서도 일면 비판의 여지가 있지만, 부분적으로 입증되고 있는 것이 사실이다. 한국 근대사에서도 산업화가 발달하면서 경제 성장의 추이에 따라 기독교도 급성장했는데, 이는 '성공 신화'에 따른 '성장의 신학과 목회'라는 슬로건이 어느 정도 맞물려 들어간 측면이 있다. 그 대표적인 사례가 단일 교회로 세계에서 가장 큰 여의도 순복음 교회와 몇몇 세계적인 대형교회의 탄생이 그러하다. 고난을 겪은 6.25전쟁 이후, 성장과 성공을 구가하던 시대에 '부흥회'와 같은 기독교 부흥운동은 성공의 신화와 신학이 맥을 같이 했던 배경도 있다.

하지만 이제 시대는 달라졌다. 우리는 이미 메타(meta)와 버스(verse)의 합성어인 메타버스라는 우주 시대에 살고 있다. 컴퓨터와 인터넷을 통한 각종 플랫폼 세계 속에서 우리는 가상의 세계를 현실처럼 느끼고 있다. 메타버스 시대는 '가상' 뿐만 아니라 '초월'의 세계를 포함한다. 가상 그 너머의 세계다. 하나의 우주(유니버스)가 아닌, 유니버스 너머의 유니버스를 바라보는 시대가 메타버스 시대다. 예컨대 거울을 바라보는 나의 모습을 다시 보고 있는 셈이다. 우리가 원하건 원하지 않건 인터넷과 컴퓨터를 통한 디지털 시대의 정보와 문화 공간은 거절할 수 없는 일상의 흐름이 되고 있다. 이러한 거대한 메타버스의 공간 현실 속에서 신학과 목회의 자리는 어디인지 심각하게 질문해 볼 필요성이 있다.

적응은 빠를수록 좋다. 신학이나 목회 환경이 메타버스 환경에 적응할 수 있는지의 여부는 이제 선택의 문제가 아니다. 적응 능력이 빨라야 적자생존의 현실 세계에서 도태되지 않고 살아남게 된다. 그럼에도 불구하고 현실을 떠난 가상은 여전히 가상일 뿐이다. 아무리 가상이 우리의 현실에 영향을 준다고 해도 현실의 뿌리를 떠나면 줄기와 가지 그리고 꽃과 열매를 기대할 수 없다. 그렇다고 해서 가상현실을 무시해서는 또 현실에서 도태되기 쉽다. 가상현실, 그것이 또 하나의 현실이 되기 때문이다. 인간은 상상력을 가진 동물이다. 상상이 역사 속에서 끝없는 문명과 문화를 구축해 왔다. 그렇다면 신학적 상상력은 어떠한가? 어린아이가 독사 굴에 손을 넣어도 물지 않는 이사야가 꿈꾸었던 이상세계의 꿈 말이다. 꿈은 현실이 된다.

가상현실과 확장현실(eXtended Reality, XR) 속에서도 놓칠 수 없는 것은 '예수의 영적 감화력'이다. 이것이 제1, 제2, 제3의 증강현실(Augmented Reality, AR)과 혼합현실(Mixed Reality, MR)이라는 가상세계로 확장되어 가는 메타버스 시대에도 유일하게 살아남을 수 있는 신학적 정체성이기도 하다. '이사야의 꿈'과 같은 유토피아적 '영적 감화력'은 예수에게 계승되었고, '하나님 나라의 건설'이라는 막중한 사명이 그에게 집중되었던 것이다. 모든 시대와 역사 속에 깃들어 있는 사악한 권력과 결탁한 종교나 자본가들의 힘에서 벗어나 '오직 그 나라와 의'를 구하라고 외쳤던 예수 정신은 아무리 확장되는 가상현실 세계에서도 빼놓을 수 없는 뿌리와도 같은 것이다. 이는 물량적 확장이라는 '성장 신화'에서 돌이켜 '회개하고'(메타노이아), '질적 감화'로 방향을 전환하는 것을 뜻한다. '질적 감화'의 혁명성은 확장성이 크다.

이제는 하드웨어의 기술이 필요한 완전한 가상현실(VR)이나 현실을 어느 정도 토대로 하여 가상의 상상력을 추가한 증강현실(AR)의 애니메이션 영화 같은 단계를 넘어서서 뇌에 자극을 주어 기억을 조작하고 꿈을 꾸게 하는 대체현실(Substitutional Reality, SR)이 또 하나의 현실이 되고 있다. 이는 현재와 과거의 영상을 혼합하여 실존하지 않는 인물이나 사건도 구성하여 가상공간을 실제로 착각하게 하는 기술이다. 인간의 기억이나 꿈을 조작하여 상상력을 발동시키는 가상의 세계다. 문제는 이렇게 급속히 발전해 가는 메타버스의 현실 속에 신학과 목회의 자리는 어디인가 하는 끊임없는 물음과 동시에 선제적으로 이러한 공간을 응용할 수 있는 기술과 전략도 필요하다는 점이다. 예컨대 현대의 생태계에 맞는 '예수 정신'의 보급과 활용이다.

현대적 의미의 예수 정신이란 무엇인가? 이러한 문제에 신학자들은 답을 주어야 하고, 목회자들은 이에 그러한 답을 잘 응용해야 하는 것이다. 현대적 의미의 예수 정신이라면 여러 가지를 생각할 수 있겠지만, 우선적으로 떠오르는 개념은 '생명, 생태, 평화' 등의 개념이다. 전쟁과 폭력 그리고 파괴가 난무하는 상황에서 예수 정신은 고요한 혁명으로 다시, 부활할 수 있다. 그것이 '예수 현실'(Jesus Reality, JR; 필자가 지칭한 명칭)이다. 이것은 역사적 예수를 포함하여 승귀(昇貴)한 신분으로서의 그리스도 이미지를 모두 포함한다. 이른바 '예수 현실'을 브랜드화한 애니메이션과 같은 증강현실이든, 가상세계에 현실을 옮겨 놓은 '배달의 민족' 같은 '거울 세계'

이든 이용자들의 공간 현실 속에 예수 정신의 사랑과 평화의 이미지를 배달해 줄 수 있다면, 이것은 '예수 현실'을 가상의 공간에 심을 수 있는 또 하나의 메타버스가 될 수 있다고 본다. 여기에는 평화의 예수 이미지의 아바타의 개발도 포함된다.

메타버스의 세계는 지상에 현존하는 모든 SNS(소셜네트워크서비스)를 포함한 가장 상위의 세계로서, 작은 아이디어라도 참신하고 응용력과 효율적 가치가 높으면 순식간에 확장성을 가진다. 한류를 주도하는 BTS의 활약은 전 세계인들이 동시에 즐기는 놀이가 되었다. 이들의 활약은 이제 한국어와 한국적 공간이라는 특수 상황을 넘어선 지구촌 전역의 축제로 변신하고 있다. 이는 지역주의에서 확장현실로 나아가는 가장 대표적인 성공사례 가운데 하나다. BTS에 상응하는 신학적 모델이나 목회/선교 대안은 없는 것일까? 언어적 장벽을 넘어 세계 속으로 선교의 영역을 넓힐 수 있는, 메타버스 시대에 걸맞은 현대적 방법이 필요할 것이다.

구시대에 서양의 선교사들이 동양 선교를 위해 택했던 제국주의적 선교전략 방식과 완전히 다른 것이어야 한다. 오히려 이제는 전 지구가 기후 위기로 몸살을 앓고 있는 생태 환경 회복을 위해 기독교가 노력해야 한다. 오염된 지구환경을 살리는 일은 개인 혼자서 할 수 없는 일이다. 기후 변화에 대처하는 생태 영성의 회복을 위해 깨어 있는 기독교인들이 각종의 플랫폼을 통해 연대해야 한다. 생태 영성의 회복은 생명 운동의 연장선이다. 뿐만 아니라 지구촌 곳곳에서 벌어지는 전쟁과 폭력을 줄이는 평화운동도 기독교 신학과 목회자들이 감당해야 할 몫이다.

2002년 한일월드컵에서 한국축구는 세계 4강의 신화를 쏘았고, 그때의 슬로건은 "꿈은 이루어진다"였다. 꿈을 바탕으로 한 상상력의 힘은 크다. 상상력을 실현하는 집요한 능력과 실천도 중요하다. 중국에서는 시진핑이 집권하면서 내건 슬로건이 "중꿔멍"(中國夢)이었다. 그것을 '일대일로'(一帶一路)라는 세계 벨트화의 실현 전략으로 내놓았다. 나름대로 전략이 인민들에게 호소력을 발휘했고, 그의 장기 집권의 발판을 구축하기도 했다. 좋던, 싫던 꿈의 위력이다. 미국 인권 해방가인 마틴 루터 킹 주니어 목사도 '꿈'의 전도자요 실천가였다. 예수의 꿈은 무엇이었을까? '하나님 나라의 건설'이었으리라.

누가복음에서 희년을 선포하고, 가난한 자와 압제당하는 자들에게 자유와 해방을 선포하고, 눈먼 자들이 다시 보는 생명의 회복의 꿈, 인류가 그리하여 모든 억압에서 벗어나 자유의 영혼이 되는 '참 세상'의 꿈이 아니었겠는가? 메타버스 시대의 도래가 마치 '하나님 나라의 갑작스러운 도래'처럼 도적같이 급습했다. 4차 산업혁명과 AI 시대는 거역할 수 없는 봇물처럼 거세게 흘러 아무도 예측할 수 없는 망망대해의 신천지로 도도히 흘러가고 있다. 더 이상 언어가 장벽이 될 수 없고, 지금까지의 신학도 목회도 마지막 장벽이 아니다. 남북한을 가로막는 장벽도 더 이상 철옹성이 아니다. 가상현실을 타고 상호 침투적으로 상대편의 안방을 내다 볼 수 있게 된다. 한민족에게 남은 숙제인 평화통일의 염원과 실현도 이 시대를 살아가는 기독교인들의 소중한 몫이다. 가상의 현실 속에서 통일의 노래와 평화의 춤은 계속되어야 한다. 문익환 목사가 분단의 장벽을 넘어가야 했던 그 꿈은 구약학자로서 혹은 시인의 상상력으로서 반드시 몸으로 넘어서야 했던 가슴 아픈 민족의 현실이었다면, 메타버스 세계 환경 속의 신학자와 목회자들은 어떤 자세를 가져야 할까? 유튜브를 포함하여 누구나 와서 뛰놀 수 있는 플랫폼의 크리에이터가 되어 '예수현실'과 '케리그마'를 브랜드화하면 어떨까? 생명·평화·통일을 향하여 메타버스를 타고 '산 넘고 물 건너' 가보자.

제2장

메타버스 시대에 목회하기

메타버스 시대의 목회

윤사무엘

한국 겟세마네신학교 총장

코비드-19시대를 맞으면서 우리는 2년간 가상세계(metaverse)를 살고 있다. 일찍이 버거(Peter Ludwig Berger, 1929~2017, 종교사회학자)는 '상징적 세계'(symbolic universe)를 예견하면서 한 개연성 구조(plausibility structure)가 사회에서 합법화(legitimation) 과정을 거침으로 가상세계가 객관화된 현실로 정착해 간다고 했다. 작금 현세대는 이런 변화를 짧은 기간 중 거치며 체험하고 있다. 목회 패턴도 서서히 달라지고 있다. 가정교회가 늘어나며 목회자의 재택근무, 줌을 통한 기도회 및 예배, 비대면 상담, 밥상 교제가 사라지는 친교실, 부흥회나 사경회 대신 개인 성경 공부, 새로운 선교 패러다임 연구, 인터넷 포럼, 정보 나눔과 섬김 등 많은 변화가 생기고 있다. 이런 현상이 일시적일지 아니면 중장기적으로 진행될는지 모르지만, 장기화되고 있는 코로나 전염병이 언젠가 종식된다 하더라도 제4차 산업혁명(4th Industrial Revolution) 시대의 용어인 인공지능(AI), 사물인터넷(IoT), 로봇기술, 드론, 자율주행차, 가상현실(VR) 등 차세대 생활은 이미 시작되었다. 이런 시대의 흐름에 신학과 목회는 대책을 세워야 한다.

2020년 2월부터 전 세계에 닥친 코로나19(COVID-19) 팬데믹 상황 속에서 메타버스(metaverse)에 대한 관심이 급증하고 있다.[1] 팬데믹을 대처하면서 방역 수칙(mask, hand

---

1 "메타버스란? 메타버스 의미와 관련기술," 「자연 13」, 2021년 6월 15일. 메타버스는 메타(meta: 초월, 변화)와 유니버스(universe: 우주, 세계)의 합성어이다. 특정한 기술을 의미하는 것은 아니고 일종의 가상세계를 뜻하는 개념으로 가상현실에 여러 캐릭터들이 상주하며 사회를 구축하는 시스템이다. 메타버스라는 용어는 1992년 SNOW CRASH라는 소설에서 처음 등장한 것으로 소설에서 고글과 이어폰을 착용하고 가상세계로 들어가는 모습을 묘사하며 메타버스라고 정의하였다.

cleansing, sterilization, vaccination, booster shots)과 사회적 거리(social distancing)를 유지하는 동시에 우리는 전에 느끼지 못한 가상세계가 현실화되는 것을 경험하고 있다. SNS를 통한 관계성 형성, 컴퓨터 게임, 가상화폐(비트코인), 유튜브 설교, mobile data 현장 중계를 통한 비대면 예배, ZOOM 혹은 Google Meet를 통한 강의 및 대화, 3D 아바타(avatar, 가상 인물)의 정보 제공, 안내 등 새로운 시대에 부응하는 전문화된 목회 패턴이 시도되어야 한다. 2021년 12월 4일 토요일 저녁 9시 KBS News에서 메타버스와 NFT(디지털 토큰)가 프랑스의 명품 업체에 적극, 도입된다는 뉴스를 방영하였다. 반도체, 자율주행, 컴퓨터 등 IT 산업을 선도하는 대만 기업 NVIDIA의 CEO 젠슨 황(Jensen Huang)은 2020년 10월 연례 개발자 포럼에서 향후 20년은 SF 영화에서 보던 일이 발생할 것이라며 현실을 시뮬레이션하는 것으로 우리의 미래를 그리겠다, 메타버스가 오고 있기 때문이라고 연설을 한 후 더욱 가상세계에 관심을 가지기 시작했다. 2000년대 초반 우리나라의 연구자료에서도 메타버스에 대한 것을 찾아볼 수 있다. 21세기를 시작하면서 "모든 사람이 아바타를 이용하여 사회, 경제, 문화적 활동을 하게 되는 가상의 세계"

에 주목하였다.[2] '생활형 가상세계', '실생활과 같이 사회, 경제적 기회가 주어지는 가상현실 공간'이라는 용어도 등장했다.[3] 메타버스가 단지 가상세계만을 의미하는 것이 아니라 현실과 연결되어 '사회, 경제, 문화적 활동'으로 연결되고 있어 실생활과 밀접하게 관련되고, 지금의 인터넷을 대체할 새로운 개념이 될 것으로 예측하고 있다. 메타버스는 제4차 산업혁명이 추구하는 상징 세계이다. 연세신학의 특징은 다양한 사회 속에서 대처할 수 있는 다양한 생각 틀과 패러다임을 제공해 왔다. 팬데믹 가운데서 시대를 앞당기는 방안을 제안하는 일은 매우 시기적절하다.

1. 본질로 회복하는 목회 지향

14세기 중세 때의 흑사병으로 르네상스 운동과 16세기 교회개혁 운동이 일어났다. 그때 구호가 ad fontes(원천으로 돌아감, back to the fountain)이었다. 21세기 초의 코로나 팬

---

2 손강민, 이범렬, 심광현, 양광호, "웹 2.0과 온라인 게임이 만드는 메트릭스 월드 메타버스," *ETRI CEO Information* 제47호, 2006, 4.
3 류철균, 안진경, "가상세계의 디지털 스토리텔링 연구," 「게임산업저널」, 2007년 1호, 2007, 33.

데믹은 헬라주의에서 히브리 사상인 본질을 회복하는 메타
교회(the meta church)가 필요하다.

헤브라이즘(Hebraism, Judaism)	헬레니즘(Hellenism, humanism)
과거형, 미래 지향적	현재형
뿌리와 본질(root & essence)	열매와 효과(fruit & effect)
성숙(maturity)	성장(growth)
회복(restoration, transformation)	개혁(reformation, change)
회원(membership, group)	지도력(leadership, individual)
표적(sign, miracle)	지혜(wisdom)
추리, 직관(intuition)	논리(logic)
감성의 언어(emotion)	이성의 언어(reason)
저녁이 되고 아침이 되니	아침부터 저녁까지
신본주의(Theocentricism)	인본주의(Anthrocentricism)
메타(모범)교회(Meta church)	대형교회(Mega church)

2. 거룩성의 회복

대제사장의 이마에 '여호와께 성결'(Qadosh laDonay:
Holiness to the Lord)이 적혀 있다. 하나님께서 인생을 주님
의 형상(tselem), 즉 모양(teluma)으로 창조하셔서 생기(生

氣, neshâmâh ḥayyīm, 'the breath of life')를 불어주셔서 '살아 있는 혼'(nefesh ḥayah, 'living soul')이 되었다. 이를 한마디로 '거룩성'(Qadosh)이라 부른다. 예배는 하나님의 거룩성을 찬양하는 것이다(사 6:3, 계 4:8, 15:4, "오 주님, 오직 주만 거룩하시니이다"). 하나님은 거룩하시니 우리도 거룩해야 한다(레 19:2).

코로나는 바이러스(세균성) 전염병(pestilence)이다. 겟세마네 동산에서 종말의 현상을 예언하시면서 주님께서는 "민족이 민족을, 나라가 나라를 대적하여 일어나겠고 곳곳에 기근과 역병(pestilences), 지진이 있으리니 이 모든 것은 고통의 시작이니라"(마 24:7-8)고 하셨다. 개역, 개역개정, 현대역에서는 '역병'이란 단어를 삭제하고 있다. 전통 사본(TR, Geneva Bible, King James Bible)에는 나온다. 역병(전염병)은 하나님의 심판 도구로 사용되었다(삼하 24:13-15, 겔 5:12, 6:12, 렘 21:9). 심판의 이유가 죄악, 우상숭배, 불의, 불순종이라면 우리는 철저하게 회개하고 하나님의 경건성으로 회복되는 것만이 살길이다. "주님, 저는 죄인입니다. 보혈로 깨끗하게 씻어주시어 정한 마음을 창조하시며 정직한 영으로 새롭게 하소서"(눅 5:8, 시 51:10)라고 진심으로 회개하자. 거룩성에는 청결, 겸손, 온유, 믿음, 희망, 사랑이 포함되어 모든 바이러스를 물리치고 영적, 육적 저항력으로 무장할 수 있다.

3. 높은 자기 정체성(high self identity)의 회복

한국교회는 높은 자존감(high self esteem)을 회복해야 한다. "그러나 너희는 택하신 족속이요 왕 같은 제사장들이요 거룩한 나라요 그의 소유가 된 백성이니 이는 너희를 어두운 데서 불러내어 그의 기이한 빛에 들어가게 하신 이의 아름다운 덕을 선포하게 하려 하심이라"(벧전 2:9, 출 19:5-6). 코로나와 더불어가 아니라 '하나님'과 함께(with God) 하는 교회가 되어야 한다. 노아의 현손 벨렉('동서로 나뉘어짐'이란 뜻)은 메사(오늘날의 이란 북동쪽 지역)에서 서쪽으로 가서 시날 평야에서 니므롯이 바벨탑을 짓는 데에 참여했고, 하란을 거쳐 가나안에 정착한 오늘날 이스라엘이 되었다. 그러나 욕단('작은 자'란 뜻)은 메사에서 해가 뜨는 동쪽(에덴동산 동쪽, 케뎀)으로 오면서 하나님께 제단(고인돌, Dolmen)을 쌓으며 한반도까지 오게 되어 오늘날 한국인의 조상이 되었다. 노아는 950세까지 살았는데 그의 마지막 생애는 욕단과 함께 한반도에 신시(神市)를 세웠을 것이라는 가설이 점점 설득력을 얻고 있다. 아리랑이 인류의 최고 오래된 찬송시(배경, 창 10:30)란 연구도 지속적으로 이뤄지고 있다. 이에 대한 유물이 1930년대부터 발굴된 중국 뉴허량 홍산문화(紅山文化, BC 3,500년경 이래)에서 발견되는 빗살무늬토기, 돌무덤, 비파형 동검, 비파형 옥기, 삼오족, 삼족 토기, 피라미드(적석총, 赤石冢)와 가림토 문자 등 한민족의 조상인 동이족 문화(랴오허문명, 遼河文明)임을 일본 고고학자들이 발표했다. 이 문명은 세계 4대 문명(이집트 나일강, 메소포타미아의 티그리스와 유프라테스강, 인도 인더스강, 중국의 황허문명)보다 더 오래된 문명으로 판명 났다. 그래서 서구 문명의 고향이 되는 수메르 문명의 고향이 바로 동이족 문화인 홍산문화(환국)라는 새로운 학설이 서양 학자들 사이에도 유포되고 있다.[4] 한국어(트랜스유라시아아 어족)의 기원이 9,000년 전 중국 동북부 요하의 농경민에서 비롯된 것으로 밝혀지기도 했다. 모음 조화, 문장 구조가 유사함이 입증되었다. 이번 연구발표는 독일, 한국, 미국, 중국, 일본, 러시아 등 10개국

---

4 J.K. Fairbank, *The Chinese World Order*, Harvard Uni. Press, 1968.

언어학자, 고고학자, 유전생물학자 41명이 참여했다.[5] 천손
민족인 한민족이 세계가 어려울 때 해야 할 일은 거룩한 제
사장 나라로 회복하는 것이며, 오랫동안 간직한 무궁(올람)
신학 패러다임으로 화합, 통전, 융합, 전인적 신학과 신앙으
로 건강하고 전체를 아우르는 생명공동체를 이뤄야 한다. 이
것이 하나님 나라가 이 땅에 임하시는 4차원 세계의 자기 정
체성이며 메타버스라 생각한다.

5 "한국어 기원,"「조선일보」2021년 11월 11일.

메타버스 시대의 교회, 예배 그리고 목회
: 르네상스에서 인간지리학을 거쳐
신실존주의까지

조은석

샌프란시스코 금문교회 목사

1. 들어가면서

확언하자면 내가 메타버스를 보는 시각은 분명 달라질 것이다. 빠르게는 내일도 벌써. 우선 메타버스의 대 사회적 정의가 시시각각 끊임없이 달라지기 때문이다. 효능이라든지 폐해라든지…. 그럴 줄 알면서 오늘 여기 오래 남을 글을 남기는 것은 정녕 지혜가 부족함일 테다. 안 그런가? 더구나 내 전공 분야도 아니다. 게다가 나는 문명 발달과 인간 진보 사이에 부등호를 슬쩍 끼워 넣는데, 보다 조직적인 인간성

말살을 주시하고 있기 때문이다. 그러나 편리함을 내세우는 토론에서 늘 밀린다.

나는 성경만 생명 진리라 여긴다. 보라, 다양성이 시대정신이라는데 역설적이게도 이 시대는 나 같은 소수가 설 자리가 잘 안 보인다. 그러면 또 다른 조지 오웰의 "1984" 아닌가? 이런 무서운 현실을 대책 없이 버려두고 무슨 메타버스 찬양이라니! 싫다. 그 '버스'(bus)를 결국 나도 타겠지만, 어쩌면 한 발 이미 올라선 셈이지만, 무임승차는 사양한다. 자리 잡고 앉기 전에 나는 아직도 여기서 할 일이 많다. 그래서 균형을 잡자고, 그게 내 공헌 아니냐고, 기어이 손 글씨를 시작한다. 나는 비판의 눈초리를 거두지 않으며 조심스럽게 시대를 살핀다. 돌다리도 두드린다. 안 그러면 어쩌자는 말인가? 짓던 아파트도 붕괴하는데!

내가 MDiv와 PhD 과정을 모두 12년에 걸쳐 공부한 GTU는 실리콘밸리 주변 버클리에 본부가 있다. 1962년에 기존의 PSR(1866~), SFTS(1871~), BST(1871~) 그리고 CDSP(1893~) 같은 개신교 및 FST(1854~), JSTB(1934~) 그리고 DSPT(1851~) 같은 가톨릭의 신학교들과 CTNS(신학과 자연과학 센터) 같은 신학 센터들을 플랫폼 삼아 하나의 네트워크로 결합하고, UC Berkeley를 엮어 북미에서 가장 큰 신학 연합을 조성했다. 학교와 교수가 제시하는 커리큘럼보다는 학생들이 여러 소단위 플랫폼을 오가며 스스로 자기의 신학을 만들어가는 과정을 중시했다. 해서 졸업생들은 태생적 동질성이 거의 없다. "우리가 남이가!" 우스갯소리라도 아무도 그러지 않는다. 진보가 많지만 극단에 가까운 보수도 있다. 이때 보수는 "제법 알면서도 저러는" 것이다. "온 세계가 모였다가 온 세계로 가는 샌프란시스코 베이에서 넓이와 깊이는 물론 독창성 있는 신학을 공부하다." 내가 정리한 GTU의 모토다. 종종걸음으로 GTU 캠퍼스를 방문한 여행객들이 출발지점에 돌아와 대개 묻는다. "그런데 GTU는 어디 있는 겁니까?"

메타버스의 일차 정의는 인간이 만들어낸 가상(meta)세계(verse)다. 그 "가상현실을 하위분류로 포함하는 더 넓은 개념의 디지털 세상"이다(김상균 & 신병호, 2022: 40). 그 안에는 수많은 플랫폼이 서로 공존하는 거대한 세계가 열린다. 믿는 바, 이 세계의 주인은 여기저기 기웃거리는 결국 '사람'이다.

한데 그게 정말 그런지는 계속 물어야 한다. 중독성이 대단히 높기 때문이다. 누구나 중독되면 이미 주인이 아니다. 각종 인터넷 게임과 페이스북은 물론 줌이나 유튜브를 포함한 모든 소셜미디어 플랫폼이 어우러져 개인마다 각개전투로 결국 현실을 대체하는 가상 및 증강현실이다. 이건 벌써 거역할 수 없는 '현재'가 되었다. 결코 무시하고는 살아갈 수 없는, 이미 와 버린 '미래'다(Lieberman, 2021: 24).

이 세계에서 인간은 역사 이래 최고도의 자유를 만끽하고 있다. "너 자신이 되라!"던 동·서 철학의 모든 흐름이 여기서 한 줄기가 되었다. 묻는다. 이 해방의 공간에 모두가 승리자인가? 패배자는 없는가? 없는가?

2. 메타버스 오늘

과감하게 끊어 구분하자. 오늘 우리가 경험하는 '메타버스 오늘'과 '메타버스 내일'을. 내일 일은 내일 염려하자(마태복음 6:34). 교회의 사명은 오늘 죽어가는 영혼을 살린다. 오늘 병들고 오늘 배고픈 이들을 보살핀다. 내일은 내일의 해가 뜬다. 같은 주제를 두고 곧 새로운 글을 써야겠지만, 그건 그때 일이다. 지금은 메타버스가 유익하다. 순기능이 훨씬 돋보인다.

"메타버스 오늘"은 아직 "드나들 수 있는 세상"(IN and OUT)이다. 현실 세계에 발을 딛고 서서 잘 사용하면 어떤 도움이 되는 도구다. 교회로 국한하면 코로나바이러스(COVID-19) 시대에 비대면 예배가 가능하다. 장하다. 인간 기계문명이 여기까지 왔다!

3. 변화의 함정

UC Berkeley에서 컴퓨터공학으로 B.S.-M.A.-Ph.D.를 마치고 실리콘밸리에서 일하는 누구와 지난달 저녁을 먹었다. 가상세계로 생활하는 그지만, 스스로 묻다가 헛-헛-헛 웃었다. 끝없이 새것을 생산했는데 새것이 새것이 아니다. 새파랗던 그가 벌써 쉼을 바라본다. 마르크스는 노동자와 생산물의 소외를 슬프게 예견했는데, 그가 꼭 그런 것처럼 보였다. 물었더니, 꼭 그 모양이라고 했다. 더 빠른 공을 뿌려내는 투수가 정작 뒷걸음질이다. 그는 말을 끊고 손을 비볐다. 그가 어두운 창밖을 보는데, 차가운 비가 잠시 유리창을 흩뿌렸다.

GTU는 졸업을 보장하지 않는다. 셀 수 없는 학생들이 피눈물 흘리며 짐을 꾸렸다. 혼자 이리저리 뛰다가 지쳐 쓰러졌다. 작은 허점도 별로 용서가 없다. 매정하다. 그 고속 열차는 마을 규모의 정류장은 아예 건너뛴다. 찬 손 흔들어도 서지 않는다. 규모가 작은 사립학교였다면 교수가 학생과 밥 먹자고 했을 것이다. 동부 어떤 학교는 교수와 아내까지 나왔다. 차선책을 내놓고 기다려주었을 것이다. 정이 오가는 커뮤니티라면….

메타버스 세상은 우리에게 대단히 빠른 속도로 신 존재로 변하라고 요구한다. 변화지만 참 변화 없는 실재다. 슬프게도. 헤라클리투스(Heraclitus of Ephesus, c. 535-c. 475 BC)가 벌써 이렇게 그려냈다(crossroadsantigua.org, 2021-12-15).

Change is the only constant in life!
변화는 삶에서 유일한 상수다!

끝없이 모양을 바꾸지만 새로운 요구는 그치지 않는다. 그것도 젊었을 때 얘기다. 운이 좋을 때 말이다. 그럼 나는 누구인가? 마침내 두 손을 털고 거리에 쓰러져 나앉는 무리를 보라! 이미 '수많은 무리'(누가복음 14:25)다. 샌프란시스코 다운타운, 버클리 인근 공원과 인도를 가득 메운 홈리스 텐트촌은 차라리 공포다.

교회도 바꾸자는 소리가 높다. 교회가 비본질이라면 그럴 수 있다. 본질이라면 그런 교회를 누가 어떻게 바꾸나? 사람도 교회도 바꾸자면 하나님께서 하신다. 말씀의 빛에서, 말씀의 능력으로. 세상이 그럴 수 없다. "너희는 이 세대를 본받지 말고"(로마서 12:2a).

4. 메타버스 내일

슬프게도 '메타버스 내일'은 순기능보다 역기능이 훨씬 돋보인다. 내가 겁이 많은가? 현실이 가상에 종속한다. 사람들은 모든 '잉여시간'과 '잉여자본'을 가상세계를 위하여 투자한다. 주께서 당신의 형상으로 창조하여 거룩하게 하시고 '사람'(아담)으로 지어 부르신 그 인간이 익명 아바타로 다시 태어난다. 메타버스 중독은 현실 부적응 인간을 양산한다. 그중에 일어나는 각종 범죄는 무참한 생명 파괴 전에 멈추지 않는다. 이 세대는 호랑이 등에 탔다. 내려올 수도 없다. 이럴

때 교회는 내일의 목회를 염려한다. 메타버스 세대가 목회 대상이다. 역설이다. 내일 염려해도 좋을 그 내일은 '이미' 여기 와 있다.

Y세대가 지역 교회를 넘었는데, Z세대는 드러내놓고 특정한 교파, 특정한 교회 그리고 목회자를 그렇게 찾지 않는다. 구원자로서의 예수 그리스도도 무시한다. 그들이 재구성하는 교회는 스스로 자기를 구원하는 영성 종교 세계다. 이미 존재하고 있는 다양한 영성 플랫폼을 주체적으로 연결하여 자기만의 영성 세계를 구축한다. 전통적인 교회는 그들을 위해 할 일이 없다. 텅텅 비어갈 것이다.

그러나 아무리 그래도 메타버스는 실재를 완전히 대체할 수 있는 능력도, 지혜도, 영성도 없다. 거기는 '생각'이 있지만 '배고픈 육신'을 먹일 수 없다. 그들이 만든 교회는 말씀이 선포되지만 성찬 테이블에 참여하는 감동이 없다. 서로 물을 떠다 주고, 발을 씻어주는 코이노니아(친교)가 없다. 여기 슬픈 고민이 있다. 자문한다: "메타버스 시대에 성경에 뿌리를 내린 전통적인 교회가 무엇을 할까?" 자답이다: "낙오자들을 돌보는 것이다."

존재론 질문 하나: "하나님께서 메타버스 세상에 계실

까?" 물론 지금도 여기 계시다. 그러나 믿음과 소망과 사랑이 앞서는 대신 우주의 별들보다 훨씬 많이 생겨나는 플랫폼을 쉼 없이 오가는 아바타로 실존을 확인하는 인간은 자기 의와 자기 정의를 버리지 않을 것이다. 두 아들의 큰아들처럼. 예배 인간 욥이 최대 위기로 맞은 도전은 스스로 옳다는 확신이었다. 그것은 고난 중에 일으켜 세우는 힘이었지만, 동시에 그것은 엘리후의 카운터펀치를 피하지 못한 아킬레스건이었다.

보라, 새 창조와 새 구원의 하나님이시다. 하나님은 지금도 일하신다. 하나님 계신 이 세상에서 인간은 누구인가? '예배인간'이다. 낙오자 무리로서, 하나님 없이는 결코 살 수 없어서 돌아오는 '탕자'다. 지금의 교회는 돌아오는 탕자들을 위하여 문을 열어두어야 한다. 그리고 기다려야 한다. 그것이 메타버스 내일의 목회다.

키에르케고르는 하나님 앞에 선 실존을 고백했다. 그가 겨냥한 건 헤겔이 무책임하게 흩뿌려 놓은 기계적 절망 구름이었다. 생명을 대가로 지불하여 논리를 구입한 기계적 결정주의를 거부하고, 비논리와 불안의 실존주의 카드를 내밀었다. 그런데 오히려 헤겔을 계승한 마르크스는 역사결정체로 물질세계를 내걸었다. 오늘 문명 논리는 마르크스에게 상당히 빚을 졌다.

보라, 우리의 키에르케고르는 인간을 주목했다. 그가 하나님 앞에 살아가는 방식을 실존으로 정리했다. 그런데 메타버스 내일의 역기능은 자기 이름을 내고 흩어짐을 면하자는 모든 자리마다에 있는 스스로 신이 되려는 바벨탑 건설 현장의 그늘이다.

성경적인 교회가 비로소 세상에 내어놓는 거룩한 무리 성도는 교만한 이 문명 물결을 거슬러 솟구치는 것이다. 메타버스에서 상실한 구원주 예수 그리스도를 교회에서 만나 뵙고, 하나님 앞에서 홀로 서서, 이제 눈을 비비고 세상에 갓 나온 그들이 세상의 소금이 되는 것이다. 빛이 되는 것이다. 예수 그리스도 안에서 비로소 사는 신실존이다.

메타버스가 제시하는 이름 버린 아바타에 예수 그리스도의 몸 된 교회가 과감하게 의문부호를 갖다 댄다. 거기는 자기 자신의 생명이 포함되지 않았기 때문이다. 무책임 아닌가! 범죄 중에도 죄의식이 실종되었다. 그래서 더욱더 잔혹하다.

교회는 이 세대를 본받지 않는다(참고. 로마서 12:1-2). 대신, 그 자체로 하나님의 새 창조의 그림자다. 보라, 새 하늘과 새 땅이 하늘에서 내려온다(참고. 요한계시록 21:1-2). 하나님 나라, 이것이 교회가 말씀으로 선포하는 신실존이다. 예수 그리스도께서 이 땅에 강림하신다.

이것들을 증언하신 이가 이르시되, "내가 진실로 속히 오리라," 하시거늘. 아멘, 주 예수여. 오시옵소서!(요한계시록 22:20)

하나님이 세상을 사랑하셨다. 그래서 독생자를 보내셨다 (요한복음 3:16). 그런데 인간이 지어낸 비실존 아바타는 아니다. 그건 우상 아닌가? "너를 위하여 새긴 우상을 만들지 말고, 그것들을 섬기지 말라"(출애굽기 20:4)고 하셨다. 김정은은 북한 땅에 사만 개 넘는 아바타를 세워 통치한다. 우상만 남고 인간이 죽는 슬픈 사회다.

5. 르네상스를 노래함

14세기 이탈리아 도시국가들이 중세의 암흑기를 탈출하 자는 사회 이데올로기로써 그리스-로마 문화를 선택했다.

그레코로만 예술은 '자연'과 '자연미'를 추구했다. 소위 고전주의(Classicism)다. 동상이거나 화폭에서 사람은 경직된 차렷 자세보다는 한쪽으로 무게중심을 옮겼다. 옷매무새도 바람결이나 물결처럼 흘렀다. 보티첼리(Botticelli)의 비너스(c. 1485)는 벌써 와 있는 바람에 머리카락이 흩날린다. 시녀가 붙든 천도 같은 방향으로 휘날린다. 다빈치(D. da Vinci, 1452-1519) 때 어떤 극점에 도달했다. 자연을 과학 조직체계로 분석했다. 모나리자의 미소는 철저하게 산술 계산된 인위였다. 자연을 사랑하다 못해 그의 포로가 된 아이러니다.

르네상스는 스스로 무너졌다. 미켈란젤로(1475~1564)는 아직 고전주의자로 분류되지만, 고전을 반역했다. 매너리즘(Mannerism) 시대를 열었다. 그는 자연미가 아니라 보는 사람의 시각에 따라 변형된 아름다움을 그렸다. 여인의 목이 터무니없이 길고 아기의 팔뚝에 근육이 붙었다.

마틴 루터(1483~1546)의 신학은 거대한 성 가톨릭을 대항할 때 르네상스를 종교개혁의 도구로 사용했지만, 추종자들과 달리 미켈란젤로와 다른 양식의 매너리즘 신학을 풀어냈다. 그의 사역 초기에 선포한 '그리스도인의 자유'(1520)는 자연을 배운 고전주의 자유가 결코 아니다. 인간은 나무 수

액을 받아 원기를 회복하는 '아바타'(2009)가 아닌 것이다. 인간이 생명을 얻는다면 그건 하나님의 말씀이다.

신고전주의 르네상스는 오늘 명상 종교에 집착한다. 신과 합일 대신 자연과 합일이 시대의 화두가 되었다. 사진사는 날마다 요청한다: "자연스럽게!"(Act natural) 그들에게 예배하는 그리스도인은 같이 살기에 대단히 불편한 존재다. 이들이 세상에 말하는 것은 "거룩하게!"(Act holy)이다.

오늘 내가 르네상스를 노래하는 까닭은 역설적이지만 그건 곧 지나갈 바람이요 물이기 때문이다. 그리스-로마 시대를 사셨던 예수님의 삶은 결코 자연스럽지 않았다. 신적 권위로써 부자연을 구가하셨다.

예수께서 그 사람을 따로 데리고 떠나사 손가락을 그의 양 귀에 넣고 침을 뱉어 그의 혀에 손을 대시며(마가복음 7:33).

한번 따라 해 보라. 자연스럽던 당신의 모습은 심하게 일그러져야 한다. 예수님의 구원 행위, 새 창조, 그게 마침내 동시대인들의 걸림돌이 된 것이다. 병자들과 죄인들과 창기들과 세리들과 함께 먹고 마시는, 저게 누구냐! "십자가에 못

박혀야 하겠나이다!"(마태복음 27:22c).

자연의 바람과 물, 비와 숲을 돌아갈 길로 삼는 신고전주
의가 오늘의 대세지만, 거기는 인간이 자연에 종속한다. 반-
창조다. 그러나 역사는 반복한다. 하나님 앞에 선 인간은 새
역사를 일구어낸다. 신매너리즘이다. 불편하다, 거슬린다,
그리스도인이 살아가는 법칙이. 그러나 그게 소금이고 그게
빛이다. 건강한 삶은 적극적 해석을 낳는다. "낯설게 하기"
다. 러시아 형식주의문학 이론처럼….

메타버스 세계를 열어가는 사람들은 언제나 휴머니스트
를 자처할 것이다. 인간해방이다. 14세기 풍요가 그런 도발
적 상상을 현실로 만들었다. 이 시대의 풍요가 —사실은 지
극한 소수의—인간해방구를 여는 여유 에너지원이다. 안타
까운 것은 누구의 자유가 누구의 억압을 요구한다는 사실이다.

6. 인간지리학

UC Berkeley의 알렌 프레드(Allan Pred) 교수의 지리학
은(cf. Allan Pred, 1990) 자기의 몸을 반드시 포함시킨다. 소
위 '인간지리학'이다. GTU에서 체이니(M. L. Chaney) 교수와

프레드 교수가 지도한 스티븐슨(K. R. Stevenson)의 학위논문은 에스겔의 성전 지리학이 그 주제다. 우상숭배로 더럽혀진 성전을 떠나(에스겔 10장) 당신께서 설계하신 비전의 성전으로 돌아오시는(에스겔 43장) 하나님께서는 에스겔을 '데리고' 다니셨다. 측량기사요 예언자로서. 성전이 성전인 까닭은 하나님 임재 때문이다. 당신께서는 자로 재고 줄을 늘어뜨려 측량한 정확한 곳에 인간을 세우신다. 창조주 하나님이시기 때문이다.

여호와는 나의 산업과 나의 잔의 소득이시니, 나의 분깃을 지키시나이다. 내게 줄로 재어 준 구역은 아름다운 곳에 있음이여, 나의 기업이 실로 아름답도다(시편 16:5-6).

하나님 앞에 선 인간이라면 그가 읽는 지리학은 인간지리학이 맞다. '공포'와 '전율'로써 '지존자의 은밀한 곳에 거주하며 전능자의 그늘 아래 사는 자'(시편 91:1)라면, 그가 살아가는 지리학에 인간소외란 없다. 그는 늘 하나님 앞에 섰다. 코람 데오!

내가 여호와를 항상 내 앞에 모심이여, 그가 나의 오른쪽에 계시므로 내가 흔들리지 아니하리로다(시편 16:8).

성경의 빛으로 읽는 21세기, 메타버스의 휴먼 지오그라피, 곧 '아바타지리학'은 날마다 공간을 축소한다. 세계지도로 시작해서 자기 몸으로 종결한다. 그 동기는 '상호연결', 곧 '흩어짐 면하기'다(참고. 창세기 11:1-9). 나를 중심으로!

그런데 양보 없는 내가 중심이 되면, 그게 전부 다 그렇다면, 우리는 이미 흩어진 것이다. 보라, 메타버스 실체의 역설은 거리두기다. 가까운 데 사람을 두고 가상으로 잠적한다. 그러니 가깝지만 멀다. 현실과 비현실이 측정할 수 없이 빠른 속도로 오가는 마음 세계다. 따지고 보면 마음 세계란 마음 먹는 대로 구성되지만, 그 다른 면은 거역할 수 없는 힘으로 침략당하는 현실 세계다. 그 정서는 피해망상이다.

하나님께서 하늘과 땅을 창조하셨다(참고. 창세기 1:1). 그런데 바벨탑을 쌓던 인간은 이제 돌아서서 메타버스 아바타를 지어냈다. 아바타가 자아정체성이라지만 익명성이 특징이다. 숨긴 자아는 사실 진실과 일정한 거리가 있다. 그것도 수도 없이 많은 플랫폼에 거의 동시에 살아갈 수 있다면 그건 자기분열에 무한 접근한 것이다. 에스겔 골짜기의 마른 뼈들처럼.

의구심을 떨치기 어렵다. "하나님께서 창조하신 세계와 대립각으로 마주 선 메타버스 세계에서 인간은 스스로 신이 되기를 소망하는 것이 아닌가?" '하나님의 형상'을 거부하고 스스로 자기 중심으로 거울 형상 아바타를 지어냈다. 그런 자기를 찬양했고, 자기를 섬겼다. 자기가 즐거우면 거기서 더 나아가지 않았다. 삶의 경계선을 스스로 그었다. 밀폐된 그 공간에서 시간도 멈췄다. 멈춘 시간은 '영생'이 아니다.

영생은 하나님과 그 보내신 자 예수 그리스도를 아는 것이다(참고. 요한복음 17:3). 하나님 두려운 줄 알아야 한다. 그런데 자기만 아는 자는 자기를 모르는 자다. 손오공의 머리털처럼 수많은 아바타 분열에서 당신은 누구인가?

예수 그리스도 안에서 새 창조의 전형으로 제시된 성경적인 교회는 본질적으로 그런 역기능 메타버스와 대항한다. 교회도 그 실존이 역설이다. 자기부정으로 자기를 긍정한다. 단독자로 함께 선다. 예배인간은 서로가 하나님 앞에 단독으로 서야 하지만, 자신처럼 사랑하는 형제와 자매다.

우리가 현실로 인정해야 하는 메타버스 시대는 사람이

시간을 공간개념으로 이해한다. 시간은 크로노스처럼 일방 수평으로 흐르지도 않고, 카이로스처럼 하늘-땅 수직으로 내려 박지도 않는다. 시간이 제일 빠를 수 있다면 그건 운동력을 차라리 반납한 상태다. 무동, 따져보자. 우리의 현재는 과거가 예언한 것이며, 미래가 해석하는 조건 아닌가! 메타버스 시대에 공간은 무엇인가? '거리두기'다. 그건 '밀어내기'로써 구성한 세계다. 대단한 추상이며 인위다.

코로나바이러스가 아니래도 이런 정지된 시간에서 인간끼리는 늘 '거리'가 요구된다. 그들이 경험하는 세상은 인간의 인정이 메마르지 않는 '게마인샤프트'(Gemeinshaft, 커뮤니티)가 아니다. 사회계약이 늘 개인을 이겨 먹는 게젤샤프트(Gesellshaft, 사회)다. 넓지만 사실은 좁디좁은 공간에 붙잡혀 들어온 인간이 자기 존재를 확인하는 어쩔 수 없는 선택이 사회적 거리두기다. 사실 철학은 오래전부터 그 거리의 필요성을 논리했다. 한데 신학은 하나님 앞에 붙들려, 도무지 회피할 공간이 없는 인간을 그렸다. 적어도 키에르케고르는 그랬다. 하나님 앞 실존주의다.

그런데 하나님과도 거리를 두려는 이 시대 사람들은 도발적으로 자기의 삶을 새롭게 정의한다: '신실존'. 그건 미분

된 마른 뼈들을 적분하여 하나님의 군대로 일으키시는 살아 계신 하나님 앞에 서야 가능한 새 삶이다. 자기중심을 벗어나 하나님 중심으로.

7. 신실존주의

19세기 북유럽, 경직된 신학과 제도화된 교회 틈바구니에서 키에르케고르(S. Kierkegaard, 1813~1855)가 치열하게 살았던 어둔 하늘 코펜하겐. 그가 늘 품던 질문이다: "이 세상에서 어떻게 인간으로 살아갈 것인가?"(Carlisle 2019: xiii). 그가 말한 '인간'은 '죄인'이다. 죄의 삯은 사망(로마서 6:23a). 죄인이 살아갈 유일한 길은 하나님 앞이다. 항상 거룩하신 하나님 앞에 단독자로 서야 했다. 예배는 하나님께서 인간에게 허락하신 유일한 삶의 자리다. 하나님 앞에 선 인간이라면 예배는 필수다. 그 '예배인간'을 밑금 긋는 정서는 '공포'와 '전율'이다. 명령받은 삼일 길 모리아산 제사 여행에서 아버지와 아들은 나란히 하나님 앞에 섰다: 아브라함의 '공포'와 그 아들 이삭의 '전율'(Kierkegaard, 1983: 10). 하나님 손으로 창조된 인간은 하나님의 능력으로 구원 받은 인간은 예배가 목적이다.

이 백성은 내가 나를 위하여 지었나니, 나를 찬송하게 하려 함이니라(이사야 43:21).

그리고 구원하신 인간도 그 목적이 예배다.

네가 그 백성을 애굽에서 인도하여 낸 후에 너희가 이 산에서 하나님을 섬기리니, 이것이 내가 너를 보낸 증거니라(출애굽기 3:12b).

8. 말씀과 예배인간

따라서 "모든 인간은 예배인간"(homo venerabundus, 조은석, 2011: 22-23)이다. 안식은 창조와 출애굽의 공통분모, 곧 '성별'(Separation), '파송'(Placement) 그리고 '안식'(Rest)의 도달 지점이다(Cho, 2021: 146ff.). 창조의 처음 3일은 성별, 그다음 3일은 파송, 제7일은 안식이다(Guinan, 1996: 23). 출애굽의 첫 단계는 애굽에서 성별, 두 번째 단계는 가나안 땅 파송, 세 번째 단계는 예배 안식이다. 성경의 창조는 언제나 출애굽(구원)의 컨텍스트에서 선포된 메시지다. 창조도 출애굽도 하나님의 말씀에서 났다. "태초에 말씀이 계시니라"(요한복음 1:1).

"구원은 새 창조"다. 이사야서 연구 중에 폰라트와 김찬국 교수가 낸 말이다. 맞다. 사실은 성경 전체를 흐르는 하나의 중심 주제다. 예수님의 구원 사역도 새 창조로 간단히 정리 가능하다. 바울도 구원의 주 예수 그리스도 안에서 새 피조물을 선포했다(고후 5:17). 보라, 하나님의 창조와 구원 사역에서 인간에게 부여된 사명은 예배다. 예배 중에 우리는 하나님의 창조를 찬양하며, 죄인을 구원하신 하나님의 은혜에 감사드린다.

예배 중에 우리는 세상을 정복한다. 세상을 다스린다.

하나님이 그들에게 복을 주시며, 하나님이 그들에게 이르시되, "생육하고 번성하여 땅에 충만하라. 땅을 정복하라. 바다의 물고기와 하늘의 새와 땅에 움직이는 모든 생물을 다스리라" 하시니라(창세기 1:28).

어떤 피조물이 인간을 다스린다면 그건 우상숭배다. 우상을 숭배할 때 인간은 사역자의 자리에서 내려와 종의 멍에를 스스로 멘다.

키에르케고르는 일생 '안식'을 추구했다. 그런데 키에르케고르는 언제나 불안에 떨었다. 안식을 구하나 안식을 맛보지 못했다! 달려가나 도달하지 못했다. 그 역설은 그가 날마다 살아간 그의 현실이었다(Carlisle, 2019: xvii). 그의 사색을 세 가지 서로 맞물리는 주제로 추린다면 '주체', '진리' 그리고 '시간'이다(Carlisle, 2019: xiv). 한 문장으로 푼다면, "진리 앞에 서는 시간이라야 인간은 자기 자신이다." 그의 철학은 오식활자 같은 불안을 그려낸 자화상이었다. 세상이 불안하고 인생이 바람 앞에 풀꽃이지만 하나님의 말씀이 영원하다. 말씀이 그대로 이루어지기 때문이다.

키에르케고르의 신학은 말씀 신학이다. 이 점에서 바르트(K. Barth, 1886-1968)는 그의 학생이다. 그 둘 사이에 루터가 있다. 바르트 뒤에 필자가 있다. 키에르케고르의 글은 언제나 소망하는 안식 부재의 고백록이었다, 윤동주의 문학처럼. 그래도 그는 (윤동주 형도!) 그의 그 현실을 살아냈다. 따로 하나님 앞에 홀로 서서. 밤하늘의 별처럼 빛나며. 모든 죽어가는 것들을 사랑하며. 그분의 말씀에 귀를 기울이는 중에….

9. 교회와 예배

교회는 '모이는 공간'이었다(히브리서 10:19-25). 예수 그리스도의 몸의 지체이므로. 예수님을 떠난 가지는 열매가 없다(요한복음 15:4). 죽었으니까. 그런데 보라! 모여서 형성한 공간 교회 안에서 거리두기는 금기였다. 그런데 예배 중에도 성도의 손에 든 스마트폰이 또 다른 창문을 열고 있다. 설교 비평 검색. 아니면 다른 종류의 대화. 유체이탈!

하나님께서 이웃을 자기 몸처럼 사랑하라고 명령하셨다. 여기서 교회가 '보내는 공간'으로 자기 비움을 실천할 수 있었다. '흩어지는 교회'는 어떤 요새 이론처럼 보이지만 사실 예수님께서 이미 명령하신 선교에 들어 있다.

또 이르시되, "너희는 온 천하에 다니며 만민에게 복음을 전파하라"(마가복음 16:15).

결코 거리를 두지 않는 무리들이 온 세상을 복음으로써

정복하는 것이다.

메타버스 시대의 거리두기는 '분열'로 정의한다. 무한대로 수렴하는 미분이다. 그 결과물은 사막에 수북이 쌓인 마른 뼈다. 이 시대가 즐기는 예술은 분열이다. 급물살 타는 문화 언어는 혼자 살아남기다. 신실존이다.

성경이 증거하는 하나님께서는 그러나 이들을 부르셔서 하나 되게 하신다. 적분이다. 신실존 시대에 교회는 하나님께서 예수 그리스도 안에 세우신 새 창조다. 땅이 혼돈하고 공허하며 흑암이 깊음 위에 있던 자리에 교회가 섰다.

목회는 하나님의 일이다. 목회자는 부르심 받은 대로 사역하는 하나님의 종이다. 스스로 황태자가 되라는 사탄의 주문을 털어버리고, 종의 길로 걸어가는 사역자다. 교회는 하나님 나라의 모형이다. 교회는 다가오는 하나님 나라의 현실이다. 목회는 이 세상에 교회를 세우고, 사람들을 교회로 초청하는 일이다.

제주도 숲 해설가 정동락 목사의 묵상이다.

모든 식물들이 광합성을 해서 성장, 꽃을 피우고, 열매를 맺는 것은 오직 한 가지 목적을 향해 달리는 것입니다. 그것은 번식입니다. 그런데 가뭄이 들거나 하면 성장도 하지 않고, 가장 먼저 열매를 맺고 씨앗을 번식하는 데 제일 우선합니다. 하나님이 창조하신 대로 모든 생명체들이, 생육하고 번성하기 위해서, 하나님께 순종하고 있는 것입니다. 숲은 위기가 올 때 자기 성장을 멈추고 마지막 생명 불꽃으로 씨앗을 남깁니다(2021년 11월 26일/금문교회).

하나님 편에서 보면, 순간 생명을 영생으로 끌어내신 예수 그리스도의 십자가다. 그리스도인은 인간성 해체와 우주의 종말 현상 앞에서 자기를 '땅에 묻혀 썩어가는 씨앗'으로 자리매김한다.

교회가 숲이라면, 개인이 나무라면, 코로나바이러스와 해체주의 신실존의 오늘 이런 위기의 때, 우리의 영생 길은 무엇인가? 예수 그리스도의 이름으로 받는 고난을 부끄러워하지 않는 순교자의 길, 사라지는 불꽃으로 생존하는 역설.

목회의 핵심은 설교다. 설교는 역설의 진리다. 다시 보는 키에르케고르의 말이다: "설교자는 영원한 진리를 선포하는 중에 자기 자신이다." 그러나 한편 안식 없는 자가 안식을 선포한다. 아무것도 가지지 못한 자가 나눔을 설교한다. 언제

어떻게 가능한 역설인가? 세례 요한처럼 광야의 외치는 소리로만 남을 때다. '그 소리'는 '세미'하다. 가장 조용하지만, 가장 우렁차다. 성경말씀이다. 목회자가 말씀을 선포하는 설교자로 스스로 자리 인식할 때, 그는 날마다 물러선다. 예수 그리스도의 길을 평탄케 하는 길에서. 그분께서 주님이시고, 나는 종이다. 그는 무명하다. 예수 그 이름만 선포한다. 설교자 종은 말하게 하신 분께 충성한다. 죽어서 사는 충성이다. 〈오징어게임〉(2021)처럼 모두 물리치고 자기 하나를 살려내는 가상현실을 거칠게 마주 서는 살아 있는 인간이다. 이 사람에게 생명은 살아 있으라는(生) 주님의 명령(命)이다.

설교는 '구원'을 선포한다. 하나님께서 주신 유일한 이름은 예수 그리스도다. 그리스도인이 예수 안에서 옛사람을 버리고 '새로운 사람'을 입었다. 그는 예수 이름으로 구원받았다. 그런데 메타버스는 명상 종교 영성으로 오히려 스스로가 구원자 되는 현장을 제공한다. "너 스스로를 구원하라!" 불가능한 주문은 학대와 다르지 않다. 비인간화다.

설교의 자리는 예배 현장이다. 모든 것을 다 잃은 그 절망의 땅에 엎드린 '예배인간 욥'(조은석, 2011b)은 스스로 하나님 앞에 일어서서(참고. 욥기 3장), 데카르트-헤겔-흄처럼(조은석, 2011b: 178-180) 한 치의 오차도 허용하지 않는 자기 논리로 무장한 세 친구를 대항하여(참고. 욥기 4-27), 다시 스스로 하나님 앞에 일어서서(참고. 욥기 28-31) 선포했다. 설교자는 성경을 펼치고 서서 각 시대를 뛰어넘어 모든 사람을 예배로 초청하고 말씀을 증거한다.

시장 골목과 골목에서, 산촌과 어촌의 마을 길 끝에서, 아직도 서툰 벽돌쌓기로 세운 교회와 교회를 잇는 그 모든 길, 그 길은 거룩한 자들이 걷는 거룩한 길이다. 그 길 끝에 우리 주님께서 하나님 나라의 문을 여셨다. 보라, '성도가 교통하는'(사도신경) 하나님의 교회는 '탈락한 이웃을 돌려세우는 홀로서기'를 자찬하는 급변 문명, 이 질곡에서 소금이 될 것이다. 빛이 될 것이다. 소금은 소금이며, 빛은 빛이다. 우리는 아직도 안식을 찾아 구한다. 주님 안에서.

예수 그리스도는 어제나 오늘이나 영원토록 동일하시니라(히브리서 13:8).

10. 목회자와 목회

교회는 이때 나서야 한다. 그 모든 은혜는 이때를 위함 아닌가(참고. 에스더 4:14)! 교회 사역으로 부르심 받은 목회자는 이들의 눈에 눈을 맞추고, 손을 잡아 일으켜야 한다. 교회는 말씀의 잔치를 베풀고, 교회는 성찬의 테이블에 그들을 초대해야 한다. 배고픈 자에게 주시는 주님의 몸, 주님의 피 성찬 테이블이다. 교회는 주님께서 세상으로 보내신 당신의 몸이다. 다윗을 보라. "이가 그니, 일어나 기름을 부으라"(사무엘상 16:12c).

환난당한 모든 자와, 빚진 모든 자와, 마음이 원통한 자가 다 그에게 모였고, 그는 그들의 우두머리가 되었는데(사무엘상 22:2a-b).

그들은 누구인가? "우리가 너희를 향하여 피리를 불어도 너희가 춤추지 않고 우리가 곡하여도 너희가 울지 아니하는"(누가복음 7:32b)는 세상에서 밀려났다. 오히려 이들이 교회를 가득 메울 것이다. 예수님께서 이들을 데려오라고 하셨다.

잔치를 베풀거든 차라리 가난한 자들과 몸 불편한 자들과 저는 자들과 맹인들을 청하라(누가복음 14:13).

다시 오시는 예수님을 우리는 기다린다. 누구를 만나고 자 하실까? 한때 고통의 멍에 아래 있었던, 낭패와 실망 당한, 비로소 죽음의 길을 벗어난 사람들(참고. 찬송가 272장)이 다. 고통스런 현실 세계에서 십자가 앞에서 날마다 자기가 죽어 비로소 사는 그리스도인이다.

앞서 물었던 존재론 질문을 인식론으로 바꾸어 묻는다: "메타버스가 주도하는 현실에서 우리는 하나님을 어떻게 인 식할 수 있는가?"

이 문제는 신실존론보다는 신인식론 아닌가? 그 새로운 자기인식은 어디서 나는가? 실존 고민 없는 인식은 결국 허 위 아닌가? 그래서 답한다: "가상세계에서, 이름표를 가린 아바타는 하나님을 인식할 수 없다. 가상세계에서 그는 이 세상으로 나와야 할 것이다!"

나의 친구야! 너희는 나를 불쌍히 여겨다오. 나를 불쌍히 여겨 다오. 하나님의 손이 나를 치셨구나. 너희가 어찌하여 하나님처럼 나를 박해하느냐. 내 살로도 부족하냐?(욥기 19:22).

비참한 친구의 눈을 마주 보아주지 않는 친구들, 논리의 장벽에 스스로 가둔 그들을 오히려 해방하는 도전이다. 그러나 대속자가 계시다.

내가 알기에는 나의 구속자가 살아계시니, 마침내 그나 땅 위에 서실 것이라. 내 가죽이 벗김을 당한 뒤에도 내가 육체 밖에서 하나님을 보리라(욥기 19:25-26).

안식을 구하지만 안식 없는 키에르케고르가 오늘도 저 코펜하겐 거리를 헤매고 있다. 구속하신 주님께서 마침내 허락하신 '자기 의'를 끝끝내 버리지 않은, 그래서 동시대인들로부터 저주의 화살을 세례받은…. 욥이나 키에르케고르나…(서로 마찬가지이다). 그런데 보라, 우리 예수님께서 그 사람을 만나러 나가셨다! 하나님께서 폭풍우 가운데 욥을 만나러 내려오신 마치 그처럼(욥기 38-41).

결국 실존 문제는 인식 문제다. 인식하지 못하면 그는 살았으나 죽은 것이다. 하나님과 예수 그리스도를 아는 것/인식하는 것, 그것이 영생이다(요한복음 17:3).

그런즉 누구든지 그리스도 안에 있으면 새로운 피조물이라. 이전 것은 지나갔으니, 보라. 새것이 되었도다!(고린도후서 5:17)

말씀으로 우리에게 오신 예수님께서 안식을 구하는 당신과 동행하신다. 목적지는 삼일 길 모리아산이다. 아브라함 그는 아들과 홀로였으나 주님과 동행했다. 예배 길은 '공포'와 '전율'로 순간을 걸어 영원에 닿는 생명의 길, 좁은 문이다. 한 걸음 한 걸음 주 예수와 함께. 보라. 모든 안식(Rest)은 예배 때 오는 것이다, 하늘로부터!

세계가 한 물결로 모여드는 오늘 문명의 핵심 샌프란시스코 베이다. 2020년 기준, 세계에서 가장 생활비가 비싼 도시다(housinganywhere.com, 2021-12-15). 문득 아직 살아남은 시내 교회들을 보니, 세상에서 밀려난 사람들이 문을 두드린다. 장애아 부모들이 문턱을 넘는다. 가상세계에는 결코 안식할 수 없는 사람들이 얼굴을 마주 보며 비로소 웃는다. 급한 시대 물살을 버거워하는 노인들이 십자가 그늘에서 서로 어깨를 토닥인다. 그들의 신실존은 하늘 보좌를 버리고

이 땅에 오신 예수님의 깊디깊은 은혜에서 회복된다, 예수 그리스도 그분의 품 안에서. 얼마 전, 금문교회 계단 앞과 위, 한글과 영어로 커다란 글씨체로 이렇게 썼다.

수고하고 무거운 짐 진 자들아(S). 다 내게로 오라(P). 내가 너희를 쉬게 하리라(R)(마태복음 11:28).

사회 격리를 정당화한 사회적 계층화(social stratification)는 코로나 같은 전염병 훨씬 전에 왕조시대 이래 모든 사회-정치-경제적 구조는 물론 근래의 남북한 휴전선이나 북-중 철조망, 이스라엘-팔레스타인 장벽, 혹은 페루 리마의 '수치의 장벽' 같은 정치-경제-문화의 편 가르기 중에 이미 현실이었다.

그런데 하늘 높이 철조망을 자유롭게 오가는 저 새처럼, 메타버스 세계를 펼쳐내는 성도들이 있다. 실리콘밸리에도 진실한 믿음으로 일하는 그리스도인들이 있다. 한국에도 자신을 대체하지 않는 자기의 '신실존 아바타'를 날마다 주님께 맡겨드리는 하나님의 사람들이 있다. 이들의 헌신을 하나님께서 받으실 것이다. 현실 예배가 불가능할 때 가상공간을 펼쳐내어 하나님의 말씀을 들을 수 있게 한다. 문명 역기능의 가능성을 온몸으로 막아 차단하고 순기능의 길을 열어가는 복된 성도들이다. 우리는 그들 그리스도인들을 우리 주님의 이름으로 축복한다.

11. 나가면서: 새 부대 마련하기

새 포도주는 새 부대에 넣어야 할 것이니라(누가복음 5:38).

메타버스는 하나님께서 새롭게 주시는 새 세대에 걸맞은 새 부대가 아닐까? 바울 때의 '로마가도'처럼, 이 시대는 인터넷이 메타버스가? '하나의 편리한 도구'에 불과하므로 지나친 염려 말고 효과적인 사용을 궁리하는 것이 나을지도 모른다. 문제는 메타버스가 현실에 종속될 때는 그렇다. 그러나 반대가 되면? 들어갔다가 나오지 못한다면? 카프카(Kafka)의 '성'처럼, 일단 들어(IN)선 사람은 출구(OUT)가 없다면? 내가 걱정하는 것은 이것이다.

새 포도주는 하나님께서 주신 말씀이다. 새 부대는 우리가 마련해야 하는 일이다. 새 부대가 우리를 마련하게 놔둘

수는 없다. 그게 무슨 '프로크루테스의 침대'(the Bed of Procrustes)라고!

말씀에 선 그리스도인은 어디를 나가도 '돌아올 자리'를 늘 생각하고 있다. 그 자리는 '현실'이어야 한다. 하나님께서 당신의 손으로 지어내신, 돌아와야 할 현실을 품고 있다면, 어쩔 수 없이 메타버스로 아웃(OUT) 했어도 그는 곧 따뜻한 우리의 집(the sweet home)으로 인(IN)할 것이다. 드나들기가 수월하다면 메타버스도 제법 쓸 만한 물건이 될 수 있다. 드나들기(IN & OUT). 그중에 돌아오기가 문제다. 탕자처럼 연어처럼 상처를 입고라도 돌아오기.

나는 기도한다. 그들이 너무 늦지 않기를. 돌아 나올 문이 막혀버리거나, 길을 잃어버리거나, 혹은 주님께서 그 사이 오셔서 참혹한 현실 세계에서 신음하는 당신의 백성 모두를 다 데려가시고 문이 닫힌 이후가 되지 않기를. 그러기 위해서는 "날마다 돌아오는 연습"을 계속해야 한다. 기도와 말씀으로써. 아닌가? 훈련은 실전이다.

참고문헌

성경전서. 개역개정(2017). 대한성서공회.

김상균 & 신병호『메타버스 새로운 기회』. 서울: 베가북스, 2021.

박영숙 & 제롬 글렌.『세계미래보고서 2022. 메타 사피엔스가 온다』. 서울: 비즈니스북스, 2021.

조은석. *SPR*. 서울: 쿰란출판사, 2011.

_____.『예배인간 욥기』. 서울: 제라서원, 2011.

Bock, Darrell L. & Jonathan J. Armstrong. *Virtual Reality Church. Pitfalls and Possibilities (Or How to Think Biblically About Church In Your Pajamas, VR Baptisms, Jesus Abatars, And Whatever Else Is Coming Next.* Chicago: Moody Publishers, 2021.

Carlisle, Clare. *Philosopher of the Heart. The Restless Life of Soeren Kierkegaard.* New York: Farrar, Straus and Giroux, 2019.

Cho, Eun Suk. *What Is SPR?* Columbia, SC: Kindle Direct Publishing, 2021.

Guinan, Michael. *The Pentateuch*. Abingdon Press, 1996.

Kierkegaard, Soeren. *Fear and Trembling/Repetition.* Ed. and Tr. by Hone & Hong. Princeton, NJ: Princeton U Press, 1983.

Lieberman, John. *Mataverse Is the Future. How Will Metaverse Change the Way We Work.* Middletown, DE, 2021.

Pred, Allen. *Making Histories and Constructing Human Geographies: The Local Transformation of Practice, Power Relations and Consciences.* Westview Press, 1990.

Stevenson, Kalinda Rose. *Vision of Transformation. The Territorial Rhetoric of Ezekiel 40-48*. Atlanta: Scholars Press, 1996.

Tonnies, Ferdinand. *Community and Society.* Martino Fine Books, 2017 (German

Original: Gemeinshaft und Gesellshaft, 1957).

Rright, John D. *The Renaissance. The Cultural Rebirth of Europe.* London: Amber
 Books, 2019.

Winters, Terry. *The Metaverse. Prepare Now For The Next Big Thing!* Las Vegas,
 NV, 2021.

메타버스 시대의 신학과 목회를 묻기 전에

이민형

성결대학교 파이데이아 학부 조교수

'메타버스 교회'와 '메타버스 시대의 교회'에는 큰 차이가 있다. 아마도 원고의 주제가 '메타버스 교회'였다면 분명 글쓰기를 고사했을 것이다. 그 이유는 간단하다. 아직 그에 대해 할 수 있는 이야기가 없기 때문이다. '메타버스 교회'라는 표현은 그동안 한국교회가 신기술에 대해 취해온 태도를 축약적으로 보여줄 뿐이다. '얼리 어댑팅'(Early Adopting)을 일종의 종교적 사명이자 성장의 동력으로 삼아 온 한국교회에게 '메타버스'는 어서 빨리 포장을 뜯어봐야 할 새로운 문물이었다. 이제 박스를 열었고, 열어보니 이제 막 대중에게 알려지기 시작한 신기술이다. 상용화가 되려면 상당 시간이 걸릴 것으로 예상되고, 그것이 교회에서 사용되기까지에도 적잖은 시간이 걸릴 테니, '메타버스 교회'에 대한 이야기를 본격적으로 꺼내기에는 아직 시기상조라고 생각한다.

그렇다면 '메타버스 시대'라는 표현은 어떠한가? 이 표현의 사용에 무리가 없으려면 우선 '메타버스'라는 개념의 정의가 잘 정리되어 있어야 하는데, 이에 대한 학자들의 의견이 여전히 분분하다. 일부 학자들은 '메타버스'를 가상현실, 증강현실, 미러 월드 등의 개념을 통칭하는 3차원의 가상공간 혹은 이를 재현하는 기술로 풀이한다. 무엇보다 이들이 강조하는 것은 메타버스의 상용화 가능성이다. 곧 메타버스가 세계에 가득해질 것이라는 이들의 주장을 듣고 있자면, 가상현실로의 이주가 그리 멀지 않은 것만 같다. 하지만 이러한 긍정적 예상을 비판적으로 바라보는 학자들은 '메타버스'는 정확하게 지칭하는 바가 없는 버즈워드(Buzzword)에 불과하다고 평가한다. 이들에 따르면 메타버스를 구성하는 기술의 대부분은 이미 존재했던 기술들의 업그레이드 버전이다. 다만, 이 기술의 업그레이드 정도는 '메타버스 시대'라는 표현이 떠올리는 이미지에 미치는 수준은 아니다. 영화나 만화에서 보던 것처럼 사람들이 현실감을 느끼며 살아가는 가상현실을 완벽하게 구현하기 위한 기술은 아직 개발단계라는 것이다. 이처럼 양쪽의 의견이 극명하게 갈리고 있는 상황에서 과연 '메타버스 시대'라는 표현이 모두의 동의를 받을 수 있을 것인가 하는 의문이 남는다. 그동안 수많은 버즈워드를 만들어내며 소비자들을 유혹하던 소비자본주의 문화체계의 작태를 생각해 보면 이러한 의문은 곧 의혹으로 바뀐다.

그도 그럴 것이 오늘날의 사회, 혹은 머지않은 미래를 '메타버스 시대'라고 부르는 것에 공감하는 이들을 찾기가 쉽지 않다. '메타버스'라는 단어를 검색해 보면 대부분 연관된 단어로 나오는 것이 'MZ세대'라는 표현이다. 하지만, 'MZ세대'라 불리는 오늘날의 10~20대들(그들은 스스로를 그렇게 부르거나 인식하지 않는다)이 마치 메타버스 속에서 살아가는 신인류인 양 소개하는 글은 대부분 기성세대들이 작성한 것들이다. 전통적인 기술이 현대 기술로 전환되는 상황, 아날로그 기기가 디지털 기기로 대체되는 현상을 경험한 기성세대에게 메타버스라는 개념이 주는 충격은 말 그대로 '엄청난' 것이었을지도 모른다. 하지만 디지털 미디어를 일상의 한 부분으로 인지하며 자라난 10~20대들에게 메타버스 혹은 가상현실은 그리 신기할 것도, 새로울 것도 없는 기술이다. 더욱이 자신의 취향이 분명한 이들에게 단 하나의 기술 플랫폼이 절대적인 매력으로 다가갈 수 있다는 것은 어디까지나 기성세대들의 상상에 불과하다. 실제로 4차 산업혁명의 시대와 AI의 지배를 염려했던 것도, '본캐'와 '부캐'의 유행에 사로잡혀 온라인 자아와 오프라인 자아의 구분점을 발견하려 열을 올린 것도, '뉴트로'를 트렌드로 소개하면서 한편으로 복고 상품들을 만들어 판 것도 모두 기성세대가 아니던가? 이렇게 놓고 보니 과연 '메타버스 시대'라는 표현의 이면에는 어떠한 의도가 숨어 있는 것인지 의혹의 눈초리를 보낼 수밖에 없다. 의혹이 온전히 걷어지기 전까지는 '메타버스 시대'라는 표현보다는 '메타버스라는 기술적 개념이 소개된 시대'와 같은 표현을 사용하는 것이 또 다른 버즈워드에 속지 않을 방법이 아닐까 생각한다.

이제 이 글이 이야기하려는 바가 분명해진 듯하다. 과연 '메타버스라는 기술적 개념이 소개된 시대'에 '메타버스 교회'를 생각하는 한국교회는 무엇을 바라보고 있는가?

앞서 이야기했듯 '메타버스' 기술이 상용화되기까지는

아직 많은 개발 및 연구의 과정이 남아 있다. 게다가 '메타버스'는 애초에 종교적 목적으로 만들어진 기술이 아니기 때문에 교회에서 활용하기 위해서는 그만큼의 연구와 조정이 필요하다. 하지만 요즈음 교계에서 나오는 기사들이나 세미나들을 보면 '메타버스 목회'를 마치 당면한 과제인 양 소개하는 경우가 적지 않다. 신기술을 소개하는 기업의 발표회를 방불케 하는 이들의 이야기 속 '메타버스'는 미래를 주도할 신기술이며, 교회에서도 '다음세대' 교육을 위해 당연히 갖추어야 할 시스템이다. 흥미로운 것은 이들 기사나 세미나에서 예시로 들고 있는 '메타버스'의 이용 사례는 대부분 대기업에서 개발한 플랫폼이라는 것이다. 대기업에서 상업적으로 개발한 기술이 교회에서 어느 정도 활용이 가능한지, 정말로 연관성은 있는지 의문이 드는 지점이다. 게다가 실상 '메타버스' 기술을 교회에서 활용한 예들을 보면 온라인 공간에서 조악하게 만들어진 아바타들이 돌아다니는 게임 정도의 수준을 보여준다. 사람들이 일반적으로 이야기하는 '메타버스' 혹은 미래의 기술로 소개되고 있는 '메타버스'와는 상당한 차이가 있어 보이는 기술 시연을 군이 왜 교회가 해야 하는지 알다가도 모를 일이다.

물론 코로나19의 상황으로 인해 전례 없던 비대면 사회가 만들어졌고, 그로 인해 기독교 역사상 최초로 전 세계 교회가 비대면/온라인 예배를 드려야 하는 상황을 맞이했기에 '메타버스'라는 기술에 눈이 가는 일부 목회자들의 심정을 이해하지 못하는 것은 아니다. 하지만 이 분야에 관심이 있는 일부의 사람들에게조차 아주 잠깐의—그리 오래 지속되지도 않는— 흥미를 불러일으킬 수준의 기술을 들어 미래의 목회 방향에 대해 이야기하는 것은 받아들이기 힘들다.

게다가 도무지 규정할 수 없는 '다음세대'를 위한 기술이라는 것도 납득하기가 어렵다. 위에서 언급한 '디지털 기술에 익숙한 MZ세대'를 대상으로 한 목회를 말하는 것인지, 말 그대로 '메타버스가 상용화될 시기에 태어날 세대'를 위한 목회를 말하는 것인지 모호하다. 모든 것이 모호하고 애매하다 보니, 그저 신기술을 얼리 어댑팅하던 습관이 또다시 발동한 것이 아닌가 생각하게 된다.

(긍정적인 사람이 되라는 어머니의 말씀에도 불구하고) 교회의 '메타버스' 기술 활용에 지속적으로 부정적인 논지만을 펼치고 있는 결정적인 이유는 '메타버스'라는 기술 자체에 대한 판단은 고사하고, 이를 유용하는 것에 대한 어떠한 신학적,

목회적 성찰의 흔적도 찾을 수가 없기 때문이다. 기실 그동안의 한국 교계에서 신기술을 유용함에 있어 신학적 연구가 사전에 이루어진 경우는 거의 없었다. 전자 악기들이 들어왔을 때, 열린예배 식의 강단과 조명, 대형 스크린이 들어왔을 때에도, 또 교회 홈페이지를 만들거나 SNS 계정, YouTube 채널을 만들 때에도, 심지어 코로나19의 상황에서 온라인 회의용 앱을 예배용으로 도입했을 때에도 이에 대한 신학적 논의는 교회가 신기술을 도입하는 속도를 따라가지 못했다. 그나마 교계가 빠르게 움직였던 것은 '4차 산업혁명'이라는 말이 유행처럼 퍼져나갔을 때였다. 마침 AI가 세계적인 바둑 기수를 이겼을 때였으니, 위기감은 곧 반감으로 작용했고, 마치 로봇이 강대상을 차지하는 세상이 곧 열릴 것처럼 4차 산업혁명에 대한 비판의 목소리가 교회 안팎에서 쏟아져 나왔다. 4차 산업혁명이 내세우던 여러 기술이 교회로 들어오기 전 신학적 성찰이 이루어진 보기 드문 경우였다. 하지만 신기술(의 유용)에 대한 성찰의 목소리는 오래 가지 못했다. 얼마 가지 않아 코로나19 바이러스의 전 세계적 확산이 벌어졌고, 4차 산업혁명에 비판적인 태도를 고수하던 교계는 이내 비대면 온라인 예배를 위한 새로운 기술 플랫폼을 받아들였다. 4차 산업혁명에 대한 신학적, 목회적 논의는 찰나의 흔적만을 남긴 채 그 맥을 잇지 못하고 사라져 버렸다. 신기술에 대한 신학적 성찰이 주춤하던 그 짧은 순간, 온라인 예배를 위한 기술들은 교회 안으로 물밀듯이 들어갔고, 아이러니하게도 교회는 결국 4차 산업혁명이 추구하는 기술사회에 한 단계 다가서게 되었다.

상황의 긴박함을 이해하지 못하는 것은 아니다. 하지만 여타 종교 단체와는 달리 조금의 망설임도 없이 온라인 시스템에 적응해 가는 한국교회의 모습은 마치 자크 엘륄이 주장하던 기술 체계의 일부가 되어가는 것처럼 보인다. 프랑스의 철학자이자 신학자인 자크 엘륄은 현대 기술을 무비판적으로 수용되는 현상에 대해 경계의 목소리를 높였던 인물이다. 그는 효용성의 논리에 사로잡힌 현대 사회에서 기술의 발전은 무한긍정의 대우를 받게 되고, 그로 인해 기술 자체가 점차 인간들의 통제를 벗어날 것이라 예상했다. 기술이 인간의 통제를 벗어난다는 것이 쉽게 상상되지는 않지만 효율적인 것, 혹은 더 많은 이익을 창출하기 위해 인간의 기본적인 권리와 도덕을 무시하는 시스템에 대한 영화나 소설 등을 생각하면 그것이 마냥 불가능한 것처럼 보이지만은 않는다. 엘륄이 주장하는 기술의 자율성이란 결국 기술의 급격한 발달과 보급 그리고 지배로 인해 인간들의 자율성이 그만큼 줄어드는 것을 의미한다. 당장은 신기술에 익숙하지 못한, 혹은 사용할 수 없는 소수의 인간들만이 기술로부터 소외된다 생각할 수 있지만, 효용성의 논리가 인간의 존재 가치를 넘어설수록 더 많은 인간이 기술의 발전 가도에서 제외된다는 것이다.

당장의 온라인 모임 기술만 봐도 그러하다. 교회에 모일 수 없는 상황을 위한 기술 시스템이라고는 하지만, 그것에 익숙하지 못한 사람들이나, 그 기술을 다루기 위한 최소한의 장비조차 마련할 수 없는 이들은 이 기술의 수혜자가 될 수 없다. 온라인 모임 기술은 기본적으로 온라인 기술을 사용할 수 있는 여건을 가진 이들을 연결하기 위한 수단이기 때문이다. 과연 교회는 온라인 기술을 통한 예배 체계를 만들어가면서 이 기술이 배제하고 있는 사람들에 대한 고민을 했는가? 당장 예배를 재개하려는 필요를 채우기 위해 예배에 참여할 수 있는 사람들을 선택할 권한을 온라인 기술에게 내어준 것은 아닌가? 기술에 의해 신앙공동체 참여의 기회를 박탈당한 이들에게 교회는 무엇이라 말할 것인가? 이 모든 질문 앞에 교회가 기술을 성급히 받아들였다는 생각은 들지 않는가?

지금의 온라인 예배에서 한 단계 더 발전한 기술을 사용하는 '메타버스 교회'는 결국 그 수혜자의 폭을 더욱 줄일 것이다. 기술의 입장에서야 만들어진 목적에 따라 사용자를 구분하는 것이니 그 자체로 비판을 할 수는 없다. 다만 그 기술의 개발 의도, 궁극적인 목적, 사용을 위한 조건 등을 충분히 조사한 후, 교회에서 사용이 가능할지, 가능하다면 어떠한 형태로 유용할 것인지, 기술을 사용하기 위한 제반 시설은 갖추었는지, 교인들의 참여에 문제는 없는지 등에 대해 따져보는 것은 교회의 역할이자 책임이다. 이를 소홀히 한 채, 새로운 기술을 당장의 목회 현장에 적용하려고만 한다면 결국 교회에 남는 것은 '기술' 그 이상도 이하도 아니게 된다. 아니, 기술이 교회가 되는 극단적인, 하지만 이미 많은 기술 철학자들이 예상한 결과만이 남을지도 모를 일이다.

　　종교는 가장 오래된 역사를 가지고 있는 인류의 문화 중 하나이다. 또한 종교는 인류 역사 속에서 가장 더디게 발전을 한 문화이기도 하다. 종교의 중심이라 할 수 있는 교리와 전통은 그 종교가 시작된 순간부터 만들어져 오랜 시간 아주 적은 수정만을 거친 채 계승되어 내려왔다. 그렇기에 효용의 논리는 종교에는 어울리지 않는다. 효율성을 따라 큰 변화를 일으키기엔 종교의 관성이 너무나도 느리고 묵직하다. 그것이 인류 역사에서 종교가 있어 왔던 그리고 있어야 할 자리라면, 굳이 최첨단의 기술을 탐할 필요가 있을까? 기술에 지친 사람들이 쉬어갈 수 있는 자리로 남을 수는 없을까? 태고의 숨결을 간직하고 있는 오래된 숲처럼 그렇게 생명을 품을 수는 없을까?

기술을 개발하는 학자들과 기술을 연구하는 철학자들은 이미 기술의 생태학에 대해 이야기를 하기 시작했다. 이들은 스스로를 성찰할 수 있는 기제들을 만들고, 이를 통해 기술 개발이 야기할 수 있는 여러 문제들을 미리 예상한 후, 이를 방지하는 방향으로 기술 연구를 하고 있다고 한다. 이들의 연구를 보면서 그리고 '메타버스 목회'를 주장하는 교계의 일부를 보면서, 교회는 그리고 신학은 어찌해야 할까를 고민하게 된다. 당장의 답은 없다. 답이 없으니 답을 찾을 때까지는 멈추어야 한다. 조금 느리게 가도 괜찮다. 종교는 늘 그래왔으니 말이다. 그래도 당장 무엇인가를 해야 한다면, 적어도 새로운 기술을 도입함에 앞서 치열한 고민과 연구의 흔적은 남겨야 하지 않을까 한다. 신을 중개함에 있어 부족함은 있을지언정 부끄러움은 없어야 할 테니 말이다.

코로나19, 메타버스와 한국교회의 신학적 반성

박호용

대전신학대학교 교수

1. 들어가는 말

지난 2년 동안 계속된 코로나19로 인한 팬데믹 현상은 모든 이슈를 집어삼켜 버렸다. 이런 속에서 한국교회는 코로나19로 인한 내외적인 도전에 직면하여 큰 위기에 봉착해 있다. 코로나19로 기독교회는 두 가지 어려운 문제에 직면했다. 하나는 교회로 일컬어지는 성도들 간의 관계적인 거리두기이고, 다른 하나는 교회로 지칭되는 건물이라는 공간과의 거리두기이다. 이 같은 거리두기는 이전까지 대면으로 드리던 예배나 성도 간의 교제를 어렵게 하면서, 그 대신 영상(줌)으로 예배하고 교제하는 비대면 시스템으로 바뀌어 가고 있다. 그야말로 3차원의 가상세계라는 메타버스 시대로 접어들고 있는 것이다.

그런데 여기서 문제는 이러한 현실이 계속되면서 비대면 선호도가 더욱 증가하고 있다는 사실이다. 예배나 교제는 대면으로 하는 것이 정상인데, 비정상이 정상으로 되어가고 있다는 사실이다. 이는 대중 속에 묻힌 익명이 갖고 있는 윤리적, 도덕적 문제를 야기시킨다. 즉, 대면의 상황에서는 말과 행동을 함부로 할 수 없지만, 익명의 상황에서는 윤리적, 도덕적인 것이 잘 드러나지 않기에 함부로 말하거나 행동할 수 있는 여지가 다분히 존재하는 것이다. 구체적인 예로 요즘 카톡으로 보내는 문자에는 거짓 뉴스가 횡행함에도 그것에 대한 도덕적, 윤리적인 제재를 쉽게 할 수 없기에 얼마든지 그런 짓을 해도 무방하다는 현실이 그것이다.

하지만 그리스도인은 아무리 세상이 어둡고 빗나간 모습으로 살아간다고 하더라도 그리스도인으로서의 본분을 망각해서는 안 된다. 이런 시대적 상황에서 경제적인 어려움이나 세속적 유혹을 이기며 세상의 빛과 소금이어야 할 그리스도인은 세상 사람과 다른 윤리적, 도덕적 기준을 갖고 살아야 함이 마땅하다. 그러기 위해서는 새 포도주는 새 부대에 넣어야 한다는 예수님의 말씀처럼(눅 5:38), 새 시대에 맞는 '새로운 신학적 패러다임의 정립'이 요청된다. 이를 위해 필자는 '부활의 복음'과 '하나님 나라의 복음'을 말하고자 한다.

2. 새로운 신학적 패러다임의 요청

올해는 프로테스탄트 종교개혁이 있는지 505년이 되는 해이다. 루터가 종교개혁을 할 당시 기독교회는 도덕적 타락뿐만 아니라 인본주의적인 요소들이 전통이라는 이름으로 만연되어 있었다. 교권주의자들은 자신들의 기득권이나 교회의 영향력 확대를 위해 '믿음' 또는 '은혜'와 같은 그 무엇과도 바꿀 수 없는 소중한 것들을 재물이나 교회 직책 또는 인간적 공로와 같은 것으로 대치할 수 있다는 거짓을 자행하고 있었다.

이와 같이 빗나간 중세 교회적 상황에서 루터는 바울신학의 이신칭의(이신득의), 즉 돈으로 면죄부를 사는 것과 같은 인간적 행위(공로)로 구원('의롭다 함을 얻는 것'과 같은 의미)

을 얻는 것이 아니라 주님께서 십자가를 통해 이미 의로움을 이루신 그 은혜를 사람이 단지 믿음으로 구원을 얻는 것을 말했던 것이다.

　루터는 로마서 1장 16-17절(내가 복음[십자가의 복음]을 부끄러워하지 아니하노니 … 복음에는 하나님의 의가 나타나서 믿음으로 믿음에 이르게 하나니…)의 말씀을 붙들고 제2의 종교개혁의 횃불을 들었다(제1의 종교개혁은 예수에 의한 유대교에서 기독교로의 개혁). 루터의 제2의 종교개혁은 바울의 복음(바울서신), 즉 '십자가 신학'과 '하나님의 의(칭의)의 복음'에 기초한 개혁이었다. 그런데 프로테스탄트 종교개혁 500년이 지난 21세기 제3의 종교개혁은 또다시 '아드 폰테스', 즉 바울에서 예수로의 패러다임 시프트가 필요하다. 즉, '십자가 신학'에서 '부활의 신학'으로, '하나님의 의의 복음'에서 '하나님 나라(천국)의 복음'으로의 전환이 필요하다는 것이 필자의 생각이다. 이를 바울 신학적으로 말하면 '칭의(믿음)의 복음에서 성화(삶)의 복음으로'의 전환을 말한다.

　첫째는 '십자가 신학'에서 '부활의 신학'으로의 패러다임의 전환이다. 십자가와 부활은 복음의 두 축(두 날개)이다. 그런데 지난 500년 동안 개신교는 십자가 복음을 지나치게 강조한 나머지 또 한 축인 부활의 복음에 대해서는 거의 무시하다시피 하였다. 배가 양쪽이 균형을 이루어야 항해를 제대로 할 터인데, 십자가 쪽으로 지나치게 기울어진 나머지 개신교회라는 배는 침몰하고 말았다.

십자가는 두 가지 의미를 갖고 있다. 하나는 사랑(은혜)의 십자가이고, 다른 하나는 고난(희생)의 십자가이다. 개신교회(신도들)는 십자가를 강조하면서도 십자가가 갖는 두 가지 의미 중 한 가지, 즉 전자에는 Yes 하지만, 후자에는 No 했다. 즉, 제자도로서의 십자가는 지기 싫은 것이다. 이는 비단 지금만이 아니라 예수의 제자들도 마찬가지였다. 십자가를 지는 것이 싫은 것은 인지상정이기 때문이다. 이것이 가능하려면 고난과 죽음을 넘어서는 부활신앙이 필요하다.

부활신앙은 죽음을 넘어서는 영생과 세상 나라를 능히 이기고 승리하는 하나님 나라를 담지하고 있기 때문이다. 십자가 앞에서 다 넘어진 제자들이 부활하신 주님을 체험하고 나서 그들은 죽음과 세상을 모두 이기고 순교의 길을 갈 수 있었던 것도 부활신앙 때문이다.

오늘 세상사에 초연할 수 있는 비결, 즉 세상적인 것들로 인해 넘어지고 변질되는 것을 막아 주는 강력한 힘은 부활

신앙이다. 그리스도인들에게 있어서 삶의 변화가 없고, 세상에 져서 세상이 이끄는 대로 살면서 변질과 타락의 나락으로 떨어지는 것은 부활 신앙에 대한 확고한 믿음이 결여되어 있기 때문이다. 그러기에 우리는 다시, 부활의 복음을 강조할 필요가 있다. 십자가의 능력이란 부활의 능력에 기인한 것이다(고전 1:18 이하). 부활 체험이 있어야 십자가의 의미를 깨닫게 되고, 제자도인 십자가의 길을 갈 수 있다.

둘째는 '하나님의 의(칭의)의 복음'에서 '하나님 나라(천국) 복음'으로의 패러다임의 전환이다. 이것이 바로 근원으로의 회귀, 즉 '아드 폰테스'(Ad fontes!)이다. 여기서 중요한 것은 하나님 나라(천국)에 대한 올바른 이해이다. 우리는 천국을 '죽으면 가는 나라인 천당'으로 생각하는 경향이 짙다. 그러나 천국은 그런 개념이 아니다. 루터는 바울의 '하나님의 의' 개념을 두고 능동 개념(능동의 의)이 아닌 수동 개념(수동의 의)이라는 사실을 깨닫고, 이를 종교개혁의 신학적 토대로 삼았다.

마찬가지로 '하나님 나라' 개념은 '가는 나라', 즉 능동 개념(능동의 나라)이 아닌 '오는 나라', 즉 수동 개념(수동의 나라)이라는 사실이다. 즉, 우리가 그 나라를 향해 '가는 것'이 아니라 그분이 우리를 향해 '오는 것'이다. 그래서 "아버지의 나라가 오게 하시며", "때가 찼고 하나님의 나라가 가까이 왔으니", "회개하라 천국이 가까이 왔느니라." 성경에 하나님 나라에 간다는 말은 단 한 구절도 없다. 왜냐하면 하나님 나라(하나님 왕국)는 하나님이 왕이 되어 우리(세상)를 통치하기 위해 우리에게 오는 나라이지, 어딘가에 있을 장소를 향해 우리가 가는 그런 의미가 아니기 때문이다.

여기서 하나님 나라(천국)의 수동 개념이 중요한 것은 왕으로 오시는 주님을 왕(주인, 최고, 기준의 의미)으로 모실 것인가 아닌가를 결단해야 한다는 것이다. 왕으로 행차하시는 그분을 왕으로 모시는 것(시 68:24), 즉 '왕의 교체'를 가리켜 믿음(회개, 거듭남)이라고 한다(갈 2:20).

그러니까 회개(거듭남)란 단지 회심과 같은 추상적인 마음의 변화가 아니라 내가 마음으로 왕 삼는 것을 내려놓고 예수를 왕 삼는 구체적인 삶의 변화를 말하는 것이다. 그분이 왕으로 오셨음에도 불구하고, 또는 그분을 믿는다고 하면서도 그분을 왕 삼지 않고 다른 그 무엇을 왕 삼는다면 그것은 믿음(회개, 거듭남)이 아니다. 니고데모 이야기(요 3:1-15)나 부자 청년 이야기는 바로 이를 잘 말해 준다(마 19:16-30).

오늘날 예수를 믿는 그리스도인들의 신앙 현실을 보면 천국의 본래 개념과는 너무나도 거리가 먼 모습으로 살아가고 있다. 그렇게도 즐겨 천국을 말하면서도 실상은 예수 그리스도로의 왕의 교체를 원하지 않는다. 하나님 나라(천국)가 예수로의 왕의 교체를 말하는 것이라면 그런 예수를 믿기를 원치 않았을 것이다. 몰라서 예수를 믿었을 뿐이다(실은 예수를 믿지 않고 있는 것이다). 예수를 믿는 것이 기복신앙, 즉 예수가 왕이 아니라 내가 왕이고, 예수는 내 문제의 해결사(또는 보디가드)가 되어 내 소원과 욕심을 만족시켜 주시는 분 정도로 생각하고 있는 것이다.

3. 나가는 말: '왕의 교체'로서의 성화의 삶

예수로의 왕의 교체가 이루어지지 않은 사람은 속사람이 변하지 않은 '육에 속한 그리스도인', '무늬만 그리스도인', 즉 유사 그리스도인일 뿐이다. 왕의 교체에 의한 속사람의 변화가 없이는 세상 사람과 하등 다를 바 없다. 지난 50년 동안 개신교회는 칭의를 지나치게 강조한 나머지 성화의 중요성을 간과하였다. 즉, 삶의 변화가 없는 그리스도인을 양산한 것이다.

그 결과 그리스도인은 세상의 빛이 되지 못했고, 그리스도인으로 인해 세상은 아무것도 달라진 것이 없다. 마음 중심에는 예수 아닌 자기만의 또 다른 왕을 꼭꼭 숨겨놓고, 입으로만 "예수 우리 왕이여"를 소리 높이 외친들 달라지는 것은 아무것도 없다. 따라서 "왕의 교체를 이루라"는 말은 '예수 그리스도를 통한 삶의 변화'를 일컫는 말이다. 제3의 종교개혁이 요청하는 '하나님 나라(천국) 복음'으로의 패러다임 시프트의 중요성이 바로 여기에 있다.

제2의 종교개혁은 칭의를 강조한 나머지 성화를 잃어버리는 우를 범했다. 이제 우리는 '부활의 복음'으로 세상과 죽음과 사탄을 능히 이기는 변화된 삶의 모습을 보여주어야 한다. 뿐만 아니라 그리스도 예수로의 왕의 교체를 말하는 '하나님 나라의 복음'의 진정한 뜻을 바로 깨달아 변화된 크리스천의 모습으로 세상의 빛과 소금이 되어야 할 것이다. 그것이 실추한 한국교회를 바로 세우는 일이 될 것이다. 아멘.

꿈꾸는 자가 오는도다

김치범

새벽교회 목사

꿈꾸는 자가 오는도다(창 37:19b).

채색옷 대신 검정 옷을 입은 마크 저커버그는 자신의 꿈을 '메타'(Meta)라 표명했다. 그는 모바일 인터넷의 계승자로서 '체화된 인터넷'(embodied internet), 메타버스(the meta-verse)를 제시한다. "The next platform will be even more immersive: an embodied internet where you're in the experience, not just looking at it." 사랑하는 사람

과 함께 있기를(feel present) 원하는 그의 어린 시절 꿈은 '사람과 사람을 연결'하는 기술로 외화되었다. 기술을 통해 사람들이 언제, 어디서나 연결되어 있다는 느낌(feel connected)이 들도록 해 왔던 그의 꿈은 이제 혼합현실 공간(MRS, mixed reality space)에서 함께 모이도록(get together in virtual spaces) 돕는다.

Connect 2021에서 그가 제시한 메타(超越, beyond)는 총천연색이다. 고글 하나를 쓰면 손끝에서 새로운 세상이 열린다. 오큘러스(Oculus)를 통해 Horizon Home · Worlds · Work-rooms 등의 메타버스가 열린다. Presence Platform(현실 플랫폼)은 Interaction SDK, Voice SDK, Pass through API의 기술적 지원을 받으며 등판을 준비하고 있다. Project Aria, Project Cambria, Project Nazare은 다음 선수를 양성하는 인큐베이터이다. '꿈꾸는 자'가 언표하는 낯선 이름, 실체를 알 수 없는 수많은 이름이 제시하는 미래, 디지털 구루의 프로파간다, 메타버스의 실체는 무엇일까? 이른바 메타버스 시대를 맞이하는 그리스도인의 자세는 어떤 것이고, 메타버스에서 그리스도인의 자리는 어디일까?

기술의 발명, 미디어의 발전이 현실 세계에 미치는 영향

은 적지 않다. 이른바 인류 최고의 발명품 '인터넷'의 발전과
정은 가히 비약적이다. 움직이는 기계에 신체를 올려놓고 핸
드폰을 쥔 아담은 이제 고글을 쓰고 새로운 세상, 메타버스
에 접속한다. 새로움은 기회이자 두려움이다. 가나안 땅을
정탐하고 오라는 모세의 명령에 제출된 열 건의 보고서엔
"그 땅 거주민은 강하고 성읍은 견고하고"라고 적혀 있었고,
두 건의 보고서엔 "그들은 우리의 먹이라"고 적혀 있었다. 메
타버스는 젖과 꿀이 흐르는 가나안 땅인가? 잡으려면 사라
지고 마는 신기루인가?

　맞닥뜨린 현실의 변화 앞에 그리스도인의 반응은 기회와
두려움 혹은 그사이 어딘가에 위치해 왔다. 맥밀런(Stuart
McMillen)의 카툰 〈Amusing Ourselves to Death〉이 구현
한 포스트먼(Neil Postman)의 촌철살인을 빌려보자. 포스트
먼의 〈죽도록 즐기기〉를 인용하여 오웰(George Orwell)과
헉슬리(Aldous Huxley)를 비교한 이 카툰에서 오웰의『198
4』방식은 정보가 차단되어 폐쇄적인 문화를 갖게 되고, 고
통에 지배를 받아 증오하는 것 때문에 몰락할 수 있다는 두
려움을 제시했다. 반면 헉슬리의『멋진 신세계』방식은 너무
많은 정보를 줘 자극적인 문화에 쾌락의 지배를 받아 좋아하

는 것 때문에 몰락할 수 있다는 두려움을 보여주었다. 메타버스를 대하는 그리스도인의 방식은 무엇인가?

'1984의 방식'이 영과 육의 이분법에 놓인 그리스도인에게 적용될 경우 미디어는 교회를 위협하는 도구로 여겨진다. 메타버스를 이용하여 예배를 드릴 경우 성전에 모여 드려야 하는 예배가 위협을 받을 것이고, 세례와 성만찬의 성례에 위해를 가할 것이다. 그리스도인의 코이노니아가 왜곡될 것이고, 전도와 선교가 가상공간으로 제한될 것이다. 이 모든 것이 종말의 징조이기에 메타버스를 경계해야 한다고 주장한다. 한편 새로운 변화의 파도를 넘나드는 '멋진 신세계 방식'도 있다. 가나안 땅을 그린 지도처럼 메타버스의 구획을 나누었다. 증강현실(Augmented Reality), 라이프로깅(Life-logging), 거울세계(Mirror Worlds), 가상세계(Virtual Worlds)에서 교회를 세워 예배드리는 방도를 찾고, 복음을 전달하고 믿음을 고백할 것을 권한다. 하지만 이는 대부분 현실 세계에 '본캐'로 둔 교회들의 '부캐'로 이해해도 무리는 없겠다. (물론 'AltspaceVR'에 세워진 'Virtual Reality Church'라는 예외가 있기도 하다) '흩어지면 산다'는 코로나 시대로 제한된 주인공을 잡는 조연으로 여겨지기도 하지만 이는 모두 '이상 상황'

(異常狀況)일 뿐이다. 제페토(ZEPETO)에 교회를 세우고, 게더타운(gather town)에 모여 예배를 드린다고 하더라도 어디까지나 복음의 순수성과 교회의 정체성(본캐)이 지켜지는 한에서만 가능하다는 '사용상의 주의사항'이 따라붙는다. 단적으로 '경계해야 할 위험한 신제품'이건, '단서 조항이 있는 신제품'이건 바이러스의 증감에 인간의 생활이 좌지우지되는 비현실적인 현실을 타개할 '현실 대체재'로 보는 도구적 이해가 투영되어 있다. 과연 메타버스는 아담의 손에 주어진 새로운 도구일 뿐일까? 복음이 당도해야 할 '땅끝'이요 교회를 세울 또 다른 '신대륙'인가?

2021년 7월 25일 「뉴욕타임스」에 실린 "Facebook's Next Target: The Religious Experience"는 시가총액 1조 달러를 돌파한 페이스북이 예수님의 복음 전파를 사명으로 하는 교회의 파트너가 된 이례적 사건을 전했다. 페이스북은 교회를 위한 가상의 집이 되기를(become the virtual home for religious community) 기꺼워한다. 기사는 빅테크(Big Tech)와 교회의 파트너십을 단순히 (예배를 비롯한) 기능들을 인터넷에 옮기는 것 이상으로 수렴하며, 정치와 사회생활에서 그랬던 것처럼 종교적 경험 자체의 미래를 형성

(shaping the future of religious experience itself)하는 것으로 진단한다. "신앙 단체와 소셜 미디어는 기본적으로 둘 다 연결에 관한 것이기 때문에(fundamentally both are about connection) 자연스럽게 어울립니다." 페이스북 최고 책임 운영자 샌드버그(Sheryl Sandberg)의 발언 가운데 '연결'에서 메타버스와 신학, 교회에 대한 실마리를 찾아보자.

인간이 맞닥뜨린 최초의 연결은 하나님과 만남이다. 미켈란젤로의 '아담의 창조'(The Creation of Adam)는 하나님과 인간의 '연결'을 '손끝'으로 포획한 걸작이다. 이 작품에서 하나님과 인간의 손끝 사이의 공간은 연결되었으나 같을 수 없는 창조주와 피조물의 간극임과 동시에 같을 수 없으나 연결된 신비의 공간이다. 하나님께서는 태초에 '말씀'으로 세상을 지으셨고, 지으신 피조 세계는 하나님이 보시기에 좋았다. 태초에 '말씀'이 계셨다. 그 '말씀'은 하나님과 함께 계셨고, 그 '말씀'은 하나님이셨다. 함께 계셨던 '존재'요 사용하셨던 '도구'인 말씀이 하나님 자신이었다고 성경은 증언한다. "말씀이 육신이 되어 우리 가운데 거하시매 우리가 그의 영광을 보니 아버지의 독생자의 영광이요 은혜와 진리가 충만하더라"(요 1:14). 말씀이 육신이 되신 성육신(成肉身)은 최초의 미디어 사건이다. 체화된(embodied) 말씀은 최초의 메타버스이다. 최초의 메타버스 '예수 그리스도'는 하나님의 영광을 드러내는 도구요 하나님 자체이셨다. "태초부터 있는 생명의 말씀에 관하여는 우리가 들은 바요 눈으로 본 바요 자세히 보고 우리의 손으로 만진 바라"(요일 1:1). 현실과 가상의 연결을 통해 새로운 것을 구성해 내는 메타버스의 방식은 삼위일체 하나님의 페리코레시스(perichorésis) 가운데 발견된다. 상호 내주 가운데 우리와 함께하시는 임마누엘 하나님의 임재 안에서 하나님의 나라를 경험한다(feel presence). "아버지여, 아버지께서 내 안에, 내가 아버지 안에 있는 것 같이 그들도 다 하나가 되어 우리 안에 있게 하사 세상으로 아버지께서 나를 보내신 것을 믿게 하옵소서"(요 17:21).

"하나님의 아들 예수 그리스도의 복음의 시작이라"(막 1:1). 신앙은 최초의 메타버스, 예수 그리스도에 접속하는 것이요 예수 그리스도 안에서 복음으로 사는 것이다. "때가 찼고 하나님의 나라가 가까이 왔으니 회개하고 복음을 믿으라"(막 1:15)는 예수님의 초청은 제국의 질서에서 이탈하여 하나님의 질서로 재편될 것을 요구하는 준엄한 명령이다. 예수 그리스도의 공적 인생은 하나님의 집으로서의 세계 (oikoumene)에 임한 하나님의 통치성이다. '하나님의 나라' 의 현실태요 창조주 하나님의 섭리로서 예수님의 공적 인생 은 하나님의 통치성을 드러내는 메타버스이다. "성령이 비둘 기 같은 형체로 그 위에 강림하시더니"(눅 3:22) 하늘에서 기 쁜 소리가 들려왔다. "성령의 충만함을 입어"(눅 4:1) 하나님 의 질서에 접속함으로 광야의 시험을 이겨냈고, "주의 성령 이 임하셨으니"(눅 4:18) 주의 은혜의 해를 전파하셨다. 예수 그리스도와 연결된 인생에게는 신적 책임성으로서의 구원 이 허락되었다. "누구든지 주의 이름을 부르는 자는 구원을 받으리라"(롬 10:13). 그리스도인은 "이 모든 일의 증인"(눅 24:48)으로서 부르심을 받았고, "땅끝까지 이르러 내 증인이 되리라"(행 1:8)는 대위임령(The Great Commission)을 받았 다. 교회는 그리스도인의 공동체로서 성육신하신 말씀과 연 결된 유기체이며, 신학은 하나님의 나라(메타버스)에 접속하 는 것으로 존재 이유를 발견한다. "우리에게는 한 하나님 곧 아버지가 계시니 만물이 그에게서 났고 우리도 그를 위하여 있고 또한 한 주 예수 그리스도께서 계시니 만물이 그로 말 미암고 우리도 그로 말미암아 있느니라"(고전 8:6). 만물이 하나님 안에서 창조되었다. 창조주 하나님께서는 만물보다 먼저 계셨고, 만물은 그분 안에서 존속한다. 하나님은 교회라는 몸의 머리이시다. 그리스도인은 튼튼한 믿음의 기초인 예수 그리스도 안에서 복음의 희망을 품고 살도록 하나님의 형상(Imago Dei)을 따라 지음받았다(골 1:16-23).

교회와 신학의 역사는 그리스도 예수 안에서 '땅끝'을 향한 발걸음의 흔적이다. 그리스도이신 예수님께서는 늘 그곳에 먼저 계셨다. 예수님의 죽으심으로 모든 것이 끝났다, 여긴 제자들은 '땅끝'으로 뿔뿔이 흩어졌다. 희망은 산산이 부서졌고, 살아 있으나 살아 있지 못한 그림자일 뿐인 제자들의 인생에 부활하신 예수님은 오셨다. 빵을 들어서 축복하시고 떼어 주실 때, 눈이 가려져서 예수님을 알아보지 못하던 그들의 눈은 열렸다(눅 24:31). 그리스도이신 예수님께서는 임박한 종말에 대한 두려움과 현실적 필요로 '땅끝'을 향하던 콜럼버스(Christopher Columbus)보다 먼저! 이미 그곳을 거닐고 계셨다. 하나님의 형상이 파괴된 '땅끝'에서 라스 카사스(Bartolomé de las Casas)와 함께 울고 계셨다. 하지만 선과 악을 알게 된 인류가 '땅끝'을 향하여 하늘에 닿고자 할 때, "하나님은 그들을 온 땅으로 흩으셨다"(창 11:8).

오늘의 그리스도인은 또 다른 땅끝, '메타버스'에 당도하였다. "믿음은 바라는 것들의 실상이요 보이지 않는 것들의 증거니 선진들이 이로써 증거를 얻었느니라"(히 11:1-2). 히브리인들에게 임한 말씀은 메타버스에 가 닿은 오늘의 그리스도인에게도 유효하다. 그리스도인은 믿음으로 세상이 하나님의 말씀으로 창조되었다는 것과 눈에 보이는 것이 보이지 않는 것에서 나왔다는 것을 깨달았기 때문에, 호모 데우스(Homo Deus)의 머리 위에 놓인 다모클레스의 검(the Sword of Damocles)을 볼 수 있다. 그리스도인은 믿음으로 "정의를 행하며 인자를 사랑하며 겸손하게"(미 6:8) 메타버스를 거닐고 계시는 예수님과 함께 행한다.

꿈꾸는 자가 오는도다. "하나님이 말씀하시기를 말세에 내가 내 영을 모든 육체에 부어 주리니 너희의 자녀들은 예언할 것이요 너희의 젊은이들은 환상을 보고 너희의 늙은이들은 꿈을 꾸리라"(행 2:17). 그리스도인은 최초의 메타버스, 성육신하신 예수 그리스도와 연결됨으로 예수 그리스도 안에서 꿈을 꾸는 자들이다. 코로나19로 일상이 멈춰진 이 땅에서 '하나님의 나라'를 살아가는 사람들이다. 소망의 희미한 빛줄기마저 사라진 것 같은 절망의 일상 가운데 예레미야에게 임한 '말씀'은 위로와 희망의 근거가 된다. "너는 내게 부르짖으라 내가 네게 응답하겠고 네가 알지 못하는 크고 은밀한 일을 네게 보이리라"(렘 33:3). 하나님께서는 분명 신음하는 피조물의 세계를 불쌍히 여기시어 치료하여 낫게 하실 것이고, 주민을 고쳐주고 평화와 참된 안전을 마음껏 누리도록 하실 것이다. 사람도 짐승도 자취를 감춘 쓸쓸한 곳에 즐거워하는 소리, 기뻐하는 소리, "여호와는 선하시니 그 인자하심이 영원하다 하는 소리"(렘 33:11)가 들리게 하실 것이다. 한 의로운 가지가 돋아나 세상에 공평과 정의를 실현할 것이다. 아기 예수님의 오심을 기다리는 대림의 기간이다. 말 밥통에 누이신 아기 예수님은 어떤 꿈을 꾸셨을까?

제3장

메타버스 시대에
신학과 목회의 미래

메타버스 시대의
신학과 윤리

강원돈

길마루글방지기/민중신학과 사회윤리

메타버스 시대에 신학과 윤리가 중점을 두어야 할 과제는 무엇일까? 메타버스가 청소년들을 끌어들이는 게임의 세계만이 아니라 2021년 미연방 대통령 선거 유세의 현장으로 구성되고, 메타버스 경제가 펼쳐지는 데서 알 수 있듯이 정치, 경제, 사회, 문화, 종교 등 실제의 현실에 연결된 세계로 등장하고 있기에 메타버스는 신학과 윤리가 다루어야 할 현실의 문제가 되었다.

실제 현실과 가상현실을 매끄럽게 통합하는 메타버스

메타버스는 실제 현실과 가상현실이 통합된 새로운 현실이다. 디지털 혁명과 영상 혁명은 실제의 현실(actual reality)을 넘어서는 가상현실(virtual reality)을 창출하고, 그 가상현실에 실제의 현실을 통합할 수 있게 했다. 오늘의 기술은 실제의 현실과 가상의 현실을 포개어 증강현실(augmented reality)을 창출하고, 실제의 현실을 제약하는 시간과 공간 그리고 자원의 한계를 넘어서는 확장현실(extended reality)을 펼칠 수 있게 했다. 이러한 기술에 힘입어 창조된 '메타버스'는 실제의 현실을 넘어선다는 의미의 '메타'와 실제의 현실과 가상의 현실을 통합하여 확장한 세계를 가리키는 '유니버스'를 합성하여 새로 만들어진 용어이다.[1]

메타버스가 운용되는 방식은 크게 네 가지가 있다. 하나는 실제의 현실로부터 메타버스의 세계로 들어가 그 세계를 지배하는 세계관과 규칙에 따라 게임의 플랫폼을 즐기도록 한 독립형 메타버스이고, 또 하나는 게임 참여자들이 메타버

---

[1] 이러한 의미의 '메타버스'라는 용어는 거의 30년 전에 한 공상과학 소설에서 처음 사용되었다. Neal Stephenson, *Snow Crash*(New York: Bantam Books, c1992).

스에 마련된 장비들과 유추 단서들을 활용하여 메타버스 안에 임의의 메타버스를 연속해서 창출할 수 있도록 하는 액자형 메타버스이다. 또 다른 하나는 걸그룹 에스파(aespa)에서처럼 실제의 가수들과 그 아바타들이 실제의 현실과 가상의 현실 사이의 경계를 자유롭게 넘나들도록 설계한 경계형 메타버스이고, 마지막 하나는 실제의 현실을 가상의 현실로 재현하여 가상의 현실에서 강의, 실험, 업무, 공장 제어 등실제의 행위를 수행할 수 있도록 설계한 대체형 메타버스이다.[2]

메타버스가 구체적으로 어떤 내용과 형식을 갖는가를 알기 위해서는 몇 가지 실례를 드는 것이 좋을 것 같다. 독립형 메타버스를 구현한 게임 플랫폼의 특성은 '월드 오브 워크래프트'에서 엿볼 수 있고, 액자형 메타버스는 MZ세대를 열광시키고 있는 '로블럭스'나 '제페토' 같은 게임 플랫폼에서 전형적으로 나타난다. 액자형 메타버스에서는 게임 참여자들이 기왕의 메타버스 안에 자신의 메타버스를 따로 만들어 그곳에서 아바타용 상품을 진열하고 구매자에게 판매하고 메

---

2 메타버스의 네 가지 유형과 작동 방식에 대한 요령 있는 설명으로는 윤현정, 이진, 윤혜영, "메타버스 개념과 유형에 관한 시론: 가능세계 이론을 중심으로," 『인문콘텐츠』 62(2021), 66-76을 보라.

타버스에서 통용되는 화폐로 결제하는 경제 활동을 펼치기도 한다. 독립형 메타버스와 액자형 메타버스는 실제의 세계와 가상의 세계가 일단 분리된 것이기에 그것은 게임과 엔터테인먼트의 세계로 간주해도 좋을 것이다. 그러나 '제페토'에서처럼 메타버스 화폐와 현실의 화폐가 서로 교환되기에 이르면 주의 깊게 다루어야 할 문제가 발생한다고 보아야 할 것이다(이에 대해서는 추후에 다시 논함).

경계형 메타버스는 앞서 말한 대로 방탄소년단이나 '에스파' 걸그룹의 공연에서 그 경이로움을 맛볼 수 있게 했다. 싸이더스스튜디오엑스에서 만든 '로지'는 가상의 현실에서 구현된 아바타가 실제의 현실에서 얼마나 매력적인 인플루언서로 활동할 수 있는가를 잘 보여준다. 경계형 메타버스는 앞으로 공연과 마케팅 분야에서 점점 더 큰 비중을 차지하게 될 것이다.

대체형 메타버스는 코로나19 팬데믹으로 인해 대중 활동이 불가능한 상황에서 2020년 3월 순천향대학교의 입학식이나 2021년 건국대학교 예술제를 가상공간에서 펼침으로써 비상한 관심을 불러일으켰다. 그러나 코로나19 팬데믹 상황 이전에도 대체형 메타버스는 실제의 현실에서 이루어지는 작업을 보완하는 기능을 톡톡히 수행해 왔다. 그것은 오늘의 디지털 영상 기술이 실제의 세계를 스캔하여 가상현실에 그대로 구현할 수 있기 때문이다. 우주 공간에 설치된 디지털카메라로 지구 표면의 모든 것을 실시간으로 스캔하여 메타버스에 재현하고 그 가상현실 속에서 3차원 재생 안경을 쓰고서 지구 탐사를 입체적으로 수행할 수 있다. 루브르 박물관을 스캔한 메타버스에 입장하여 루브르 박물관을 마치 실제의 박물관인 양 관람할 수도 있다. 자동차의 엔진, 조향기, 동력전달장치 등을 3차원 영상으로 스캔하여 메타버스에 복사한 뒤에 정비공이 실제의 자동차와 메타버스의 자동차를 겹쳐 보는 안경을 끼고서 자동차의 고장 부분을 수리하고 부품을 갈아 끼우는 작업을 차질 없이 수행할 수 있다.

지식인들은 메타버스에 세상의 모든 책을 비치한 도서관을 짓고, 그 도서관의 서가에서 원하는 책을 골라서 편안한 의자에 앉아 마음껏 읽으며 글을 쓸 수 있으면 좋겠다는 희망을 품고 있을 것이다. 아마 교역자들은 메타버스에 음향과 시각 효과가 탁월한 메타버스 교회를 세우고, 신자들이 함께 참여해서 예배를 드리고, 성서공부반을 운영하고, 상담과 심리치료를 전문적으로 시행할 것을 꿈꿀는지도 모르겠다. 그러한 도서관과 교회를 메타버스에 세우는 것은 기술적으로 전혀 불가능하지 않다.

메타버스 경제

메타버스는 현실의 경제 활동을 재현하여 상품의 생산과 판매와 소비가 이루어지도록 구성될 수 있고, 메타버스 경제에서는 독자적인 화폐인 NFT(Non-Fungible Token, '대체 불가능한 토큰')를 창출하여 사용할 수 있다. NFT는 블록체인 기술과 결합한 가상화폐이다. 메타버스는 디지털 공간에 창설된 세계이기에 그 어떤 나라의 주권 영역에도 속하지 않는다. 따라서 메타버스 경제권과 거기서 통용되는 화폐는 주권 국가를 초월한 독자적인 규율 체계를 구축하여야 한다. 여기서는 메타버스 경제에 관련해서 크게 네 가지 과제를 생각해 본다.

첫째, 메타버스 화폐를 규율하는 규범은 자본주의적 신용화폐 제도에서 볼 수 있는 바와 같이 중앙은행의 지급보증에 근거하여 상업은행이 신용을 창조하고 파괴하는 신용독

점체제의 운영과 감독에 관한 법의 형식을 취할 수 없을 것이다. 그 규범은 NFT를 생산하고 사용하는 탈중심적인 네트워크들의 수평적인 거래를 중개하는 센터들의 내부 규약의 형식을 취할 것이다. NFT 자체가 어느 한 국가나 국가 공동체에 의해 발행된 것이 아닌 이상 그 규약은 탈권위주의적인 성격을 띠게 될 것이다.

둘째, 메타버스에서 거래되는 상품은 소유의 대상이 된다. 메타버스 이전에 창설된 디지털 세계에서는 원본과 복사본의 구별이 불가능했다. 거기서는 복사에 들어가는 비용이 거의 없기에 누구나 원본이나 복사본에 접근하여 사용할 수 있었다. 디지털 경제가 '한계비용 제로' 사회를 열고, 소유 개념은 접속 개념으로 바뀐다고 여겨졌다. 그러나 블록체인 기술이 개발된 이후에 상황은 근본적으로 달라졌다. 블록체인이 적용된 사물은 유일성 혹은 유한성의 특성을 갖고, 모조품과 구별되는 희귀한 진본의 지위가 확인되고, 그 대상의 소유자를 등록할 수 있다. 블록기술에 의해 만들어진 사물은 등기부 등본이 있는 셈이다.[3] 소유자가 특정된 희소한 사물

---

3 이에 대해서는 최형욱, "블록체인 기반의 메타버스 가상경제," 『철학과 현실』 130(2021), 120을 보라.

은 한 마디로 경제적 재화이고, 자산의 위상을 갖는다. 메타버스 경제에 자산시장이 탄생하게 되는 것이다. 이러한 자산이 거래되는 시장의 질서는 누가, 어떻게 마련하는가? 메타버스가 주권국가의 영역을 넘어서서 초국가적인 인터넷 공간에서 펼쳐지는 한, 메타버스 자산시장을 규율하는 기구를 구성하는 것은 매우 까다로운 과제가 아닐 수 없다.

셋째, 메타버스 경제에서 통용되는 상품이 소유의 대상이 된다면 자산시장의 규율보다 훨씬 더 심각한 문제가 발생한다. 만일 한 메타버스의 허브를 이루거나 메타버스들의 네트워크에서 허브에 해당하는 사물 구조에 대한 소유권이 확립된다면 그 소유권에서 발생하는 권력은 이루 말할 수 없이 클 것이다. 이러한 권력을 누가 어떻게 제어할 것인가는 앞으로 메타버스 경제와 정치가 다루어야 할 큰 과제가 될 것이다.

넷째, 메타버스 경제가 발전함에 따라 상품의 생산과 판매와 소비를 규율하는 규범을 제정하는 것도 점점 더 큰 과제로 대두할 것이다. 오늘의 메타버스에서는 게임 사업이나 아바타를 치장하는 정도의 상품 거래가 나타나고 있지만, 메타버스 경제의 잠재력은 엄청나게 크다. 만일 메타버스 경제권이 지금과 같이 메타버스의 주체인 아바타의 욕망을 충족시키는 데서 한 걸음 더 나아가 사람의 욕망을 충족시키는 데 필요한 상품을 거래하는 시장을 구현한다면, 메타버스 시장을 겨냥하여 상품을 생산하고 판매하고 소비하는 과정을 규율하는 규범 체계와 법률제도를 제정할 수밖에 없을 것이다.

그러한 규범을 제정하는 것은 메타버스 상품의 속성 때문에 매우 까다로운 과제가 될 것이다. 메타버스에서 거래되는 상품은 실제의 현실과 가상의 현실 사이에서 매끄럽게 이동하는 형상을 취한다. 따라서 그 상품은 식품이나 냉장고나 자동차같이 물질적 형상을 취하지 않고, 디지털화된 비물질적 형상을 취하며, 그러한 형상의 상품은 데이터 처리 서비스로부터 시작하여 교육, 의료, 법률 서비스 등을 거쳐 거대한 플랫폼 제어 서비스에 이르기까지 다양하게 나타난다. 그러한 비물질적 형상의 상품을 생산하는 데 투입되는 생산 요소들은 국경을 가로지르며 접속하는 다양한 센터들을 매개하여 생성되고 가공되고 구매되고 사용된다.

그렇다면 이러한 메타버스 상품의 생산과 판매와 소비를 규율하는 규범은 어디서 제정되어야 하나? 지식 재산권과 서비스 상품의 교역을 규율하는 규범을 제정한 것이 세계무역기구(WTO)이니, 앞으로 그 기구가 메타버스 경제권에서 이루어지는 상품 거래에 관한 규범을 제정하면 될까? 아니면 페이스북 등과 같은 지구적 차원의 플랫폼에 대한 과세 기준을 세우기 위해 별도의 정부 간 협의기구가 설치되었던 것처럼 별개의 규율기구를 창설하여야 할까? 어떤 규율기구와 절차를 마련하든 간에 메타버스 상품의 속성에 부합하는 거래 규범을 확립하고, 메타버스 경제에서 정의를 구현하는 방안을 마련하기까지 많은 논의가 필요할 것이다.

메타버스가 신학과 윤리에 던지는 도전

메타버스는 기본적으로 이미지를 조작하고 증강하는 디지털 기술을 활용하여 실제의 현실과 가상의 현실을 통합하는 세계이다. 메타버스가 발전하면서 메타버스에는 성격이 각기 다른 세 가지 행위 주체들이 등장하게 된다. 실제의 현실에서 존재하는 사람(person), 어떤 사람의 이미지 주체인 아바타, 심층 학습 능력을 갖춘 인공지능 행위 주체가 그것이다. 인공지능 행위 주체는 로봇으로 형상화될 것인데, 인공지능을 갖춘 로봇은 자동차 회사나 반도체 회사의 생산 공정에 투입된 로봇처럼 한정된 직무를 무한 반복하는 기계에 그치지 않고, 스스로 학습하면서 인간의 지능 수준에 이르거나 이를 훨씬 넘어서는 판단력을 갖고서 자율적으로 직무를 수행하는 기계 주체가 될 것이다. 인공지능을 갖춘 로봇이 인간과 대화를 나누고, 인간의 고민을 놓고 상담을 하고, 복잡한 업무들을 여러 패턴의 직무로 나누어 효율적으로 수행하는 것이 먼 미래의 일이 아니게 되었다.

메타버스는 이처럼 서로 구별되는 세 가지 주체들이 참여하는 세계이다. 그것은 분명 새로운 세계이지만, 그 세계는 인간이 그 일부를 이루는 세계가 아니라 확장된 인간의 세계이다. 실제의 인간은 메타버스 바깥에서 메타버스 안의 이미지를 바라보는 관람자에 그치지 않고, 실제의 현실과 가상의 현실을 통합하여 구성된 확대된 세상을 책임 있게 형성하는 주체로 서야 한다. 그렇다면 이러한 메타버스에서 신학과 윤리가 맡아야 할 과제는 무엇일까?

첫째는 메타버스에 참여하는 세 주체, 곧 사람과 그 사람의 이미지인 아바타 그리고 인공지능 행위 주체의 자격을 규정하고 상호관계를 규율하는 과제이다. 기본권을 확인하는 헌정질서에서 사람은 권리 능력과 의무 능력을 갖춘 행위 주체(person)이다. 그것은 신학에서도 널리 인정되는 공리이다. 아바타는 어떤가? 만일 아바타가 실제의 행위 주체를 메타버스에서 대리하는 자의 위상을 갖는다면, 그 대리자의 권리와 의무가 확인되고 인정되어야 한다. 그것은 실제의 행위 주체를 의제(擬制)한 것으로 여겨져야 한다. 따라서 아바타의 권리를 침해하거나 아바타에게 의무 없는 일을 강제하지 못하게 하는 규범이 메타버스에서 확립될 필요가 있다.

인공지능을 갖춘 행위 주체는 그 정의상 인간 수준 혹은 인간 이상의 판단력과 자율성을 갖춘 자로 규정되므로, 그것은 단순히 사물이 아니라 인간의 본성을 갖춘 사물, 인간화된 사물, 인간이라면 마땅히 따라야 할 행위를 하도록 요구되는 사물 인간(事物人間)의 지위를 가진 것으로 간주되어야 한다. 이제까지 회사나 단체 등에 법률적으로 구성되는 행위 주체성을 인정하여 '법인'의 지위를 부여했듯이, 이제는 인공지능을 갖춘 행위 주체에 '전자적 인간'이라는 지위를 부여하여 자연인과 구별되는 행위 주체성을 부여할 때가 된 것이다.4 인공지능을 갖춘 행위 주체가 '전자적 인간'으로 규정된

---

4 이미 2017년 유럽연합 의회에서 그리고 같은 해에 한국 법무부와 한국민사

다면 '전자적 인간'의 권리와 의무를 규정하고, '전자적 인간'의 행위를 규율하는 규범이 제정되어야 한다. '전자적 인간'의 행위 규범이 마련되면 그 규범에 따라 '전자적 인간'이 행동하도록 알고리즘 프로그램이 설계되고 제어되어야 할 것이다.

이처럼 메타버스에 자연인, 아바타, '전자적 인간' 등이 행위 주체로 등장하는 현실은 신학의 행위 주체 이해가 직면한 큰 도전이다. 만일 신학이 자연인만을 하나님의 파트너로 생각한다는 고루한 관념에 머문다면 신학은 메타버스의 도전에 제대로 대응할 수 없을 것이다. 신학은 이미 자연인의 행위를 규율하는 도덕 신학의 단계를 넘어서서 자연인과 법인을 함께 다루는 사회윤리의 단계로 나아간 바 있다. 사회윤리가 정립되면서 비로소 신학은 구조악의 문제를 해결하고 제도를 규율하는 과제를 제대로 수행할 수 있게 되었다. 만일 신학이 메타버스를 인간의 확장된 세계로서 이해한다

법학회에서는 '전자적 인간'의 법적 구성을 검토하는 논의가 진행되었다. 2019년 유럽연합집행위원회는 인공지능의 윤리 체크리스트를 작성하였고, 인공지능 고위 전문가 그룹은 인공지능에 관한 윤리 지침을 마련하고 있다고 공개했다. 이에 대해서는 조정호, "인성(人性)과 물성(物性)에 대한 소고: 메타버스와 인성론을 중심으로," 『인간·환경·미래』 27(2021), 106f를 보라.

면 신학은 메타버스를 구성하는 세 주체의 행위를 규율하는 메타버스 윤리와 그 신학적 근거를 제시하는 데 큰 어려움을 겪지 않을 것이다. 메타버스는 인간의 세계 너머에 있는 가상의 무대가 아니라 인간이 행동하고 책임을 지는 인간의 세계이다. 인간은 하나님의 형상이다. 그 인간이 의제화된 행위 주체인 아바타와 법률적으로 구성된 행위 주체인 '전자적 인간'과 더불어 메타버스를 형성하는 세 주체 가운데 한 주체로서 우뚝 서게 하고, 다른 두 행위 주체들과 바른 관계를 맺게 하는 것이 신학과 기독교 윤리의 과제이다.

둘째 과제는 첫째 과제와 긴밀하게 결합하여 있다. 그것은 신학이 메타버스를 하나님의 통치 영역 바깥에 두려는 시도를 분쇄해야 한다는 것이다. 메타버스가 하나님이 창조한 인간의 세계이기에 신학은 하나님이 메타버스 안에 현존하고, 메타버스를 자신의 통치 영역으로 삼는다고 말해야 한다. 확장된 인간의 세계인 메타버스에서도 인간은 그 세계 안에서 사람들이 맺는 '관계들의 총화'로서 현존한다. 메타버스가 화폐와 자산을 매개하여 구축된 상품의 세계이고, 소유권 질서에 바탕을 두고 지배와 수탈이 이루어지는 세계라면, 그 세계에서 살아가는 사람들의 관계, 그 사람들이 다른 행위 주체들과 맺는 관계가 바른 관계일 수 없다. 메타버스에서 이루어지는 이 관계들을 바르게 세우는 일, 따라서 정의를 수립하여 평화를 실현하는 일은 메타버스에서 함께 살아가는 행위 주체들의 고귀한 과제가 된다. 신학이 하나님의 통치가 메타버스에서 이루어진다고 선언한다면, 그것은 메타버스에서 하나님의 나라와 그 정의가 어떻게 실현되는가를 증언하고, 하나님의 정의의 요구에 따라 메타버스를 형성하는 윤리적 과제를 인수한다는 것을 의미한다.

셋째, 신학은 메타버스에 세워진 교회에서 디지털 기술과 영상 기술을 매개로 해서 구축되는 하나님의 이미지가 과연 성서의 하나님인가를 식별할 과제 앞에 선다. 그것은 메타버스 교회에서 하나님의 현존을 경험할 수 있는가, 메타버스 교회에서 진행되는 성만찬과 세례를 통해 하나님의 현존과 은혜를 체험할 수 있는가 하는 문제가 아니다. 메타버스가 인간의 확장된 세계인 이상, 하나님은 그 인간을 파트너로 삼는 분으로서 메타버스에도 현존하실 것이다. 그러나 메타버스를 구축하는 디지털 기술이 하나님의 이미지를 창조하는 단계로까지 나아간다고 한다면, 신학은 우상을 만들지 말라는 십계명의 둘째 계명에 따라 그러한 시도에 대해 '아니오!'라고 말해야 한다. 인공지능은 하나님에 대한 사람들의 갖가지 관념들이 기록된 데이터들을 수집하고 알고리즘에 따라 가공한 빅데이터를 만들고, 빅데이터를 통해 가장 많은 사람이 선호하는 하나님의 상을 가다듬어 사람들이 이를 소비하게 할 수 있을 것이다. 신학은 바로 그러한 하나님의 상을 우상으로 폭로하고, 성서의 하나님을 또렷하게 드러내야 한다.

메타버스 시대에 신학과 윤리가 직면한 도전은 크고, 그 도전에 대응해서 신학과 윤리가 할 일은 많다. 신학은 메타버스에 등장하는 행위 주체들의 복수성과 다양성을 인지하고, 행위 주체성의 이론을 가다듬어야 하고, 메타버스에서 등장하는 하나님의 이미지를 비판적으로 점검해야 하고, 하나님의 정의의 요구에 따라 메타버스의 윤리를 확립하여야 한다.

메타버스 시대에 신학의 미래

김동환

연세의료원 원목실장 겸 교목실장

연세대학교 연합신학대학원 교수

불과 1년 전만 해도 메타버스(Metaverse)라는 용어는 일반인들에게 거의 회자 되지 않던 용어였다. 물론 메타버스가 이미 30년 전인 1992년에 스티븐슨(Neal Stephenson)의 SF 소설 *Snow Crash*에 처음 등장했던 용어이자 개념인 것은 사실이지만, 이 사실 또한 최근에 메타버스에 관한 관심이 사회적으로 갑작스레 높아지면서 대중적으로 알려지게 된 사실이다.

기술적인 측면에서 메타버스를 대중적으로 인식하게 만들어 준 계기가 있었다면 그것은 SF영화 〈레디 플레이어원〉(Ready Player One)이었다. 천재 감독으로 불리는 스필버그(Steven Spielberg)가 클라인(Ernest Cline)의 2011년도 동명 SF소설을 2018년에 영화로 제작한 작품이다. 이 영화가 메타버스라는 용어를 직접 사용하고 있지는 않지만, 이 영화를 보면 메타버스가 무엇인지를 기본적으로 가늠할 수 있다.

이 영화 전체를 주도하는 과학 기술은 가상현실(virtual reality)이다. 세상 어느 곳에 사는 사람이든지 VR 장비를 착용하면 들어서게 되는 가상 네트워크 세상을 이 영화는 오아시스(Oasis)라는 명칭을 부여하며 설정하고 있는데, 바로 이 오아시스가 지금 논의하고 있는 메타버스라 할 수 있다. 현재 메타버스의 대표적인 활용은 증강현실, 라이프 로깅, 거울세계, 가상현실인데, 이 영화가 보여주듯이 이들 중 메타버스의 화두가 되는 기술은 가상현실이다.

2016년에 '포켓몬 GO'가 현실 세계를 가상의 그래픽과 겹쳐서 보여주는 증강현실(Augmented Reality) 기술을 사회적 이슈로 부각시키기는 했었지만, 증강현실 기술만으로 메타버스가 전 세계적으로 부각되기에는 역부족이었던 듯싶다. 근래에 메타버스가 범지구적으로 부각되고 있는 이유는 현실 세계가 아닌 다른 세계를 보여주는 메타버스의 가상현실 기술 때문이다. 근대 계몽주의 이후 거의 모든 새로운 기술들이 과학의 진화론적 발전과정에 따라 진보해왔듯이 증강현실을 넘어서 가상현실로 진보해 오던 메타버스가 범지구적으로 부각 되리라는 것은 첨단 과학 기술의 발전 양상에 관심을 두어 온 사람들에게는 예측이 가능한 일이었다. 다만 이들도 예측하지 못했던 일이 있었다면, 그것은 혜성처럼 갑작스레 등장한 코로나19 사태가 온택트 시대의 문을 서둘러 열어줌으로써 메타버스 기술의 범지구적 부각의 타이밍 또한 급히 앞당겨졌다는 사실이다.

증강현실과는 달리 가상현실이 현실과 다른 세계를 보여준다는 것은 가시적으로 획기적인 일일 뿐 아니라 사변적으로도 획기적인 일이다. 바로 이 점이 가상현실을 공학적 측면에서뿐 아니라 인문학적 측면에서도 살펴보아야 하는 점이다. 우선 증강현실의 효과이자 결과는 현실 세계와 가상세계를 '착시'하게 만드는 것이라고 한다면, 가상현실의 효과이자 결과는 현실 세계를 가상세계로 '착각'하게 만드는 것이다. 언뜻 생각하면 착시와 착각은 비슷하게 여겨지지만, 엄밀히 살펴보면 이 둘 사이에 근본적인 차이가 있음을 알 수 있다.

구체적으로 착시(錯視)는 '보다'를 뜻하는 둘째 단어 시(視)

가 나타내듯이 주로 가시적(과학적) 양상에 국한되지만, 착각(錯覺)은 '깨닫다'를 뜻하는 둘째 단어 각(覺)이 나타내듯이 가시적(과학적) 양상뿐 아니라 사변적(철학·종교적) 양상으로까지 확대된다. 먼저 착시는 사람의 오감(五感) 중 시각적으로 이것을 저것으로 잘못 보거나 이것과 저것을 혼동하여 보는 것이다. 이러한 실수, 즉 착시로 인한 실수는 시각을 바로 잡아서 제대로 보게 되면 충분히 만회할 수 있다. 따라서 증강현실에 있어서 현실 세계와 가상세계를 시각적으로 제대로 구분할 수 있게 되면 착시의 실수는 더 이상 안 하게 된다.

반면, 착각은 만약 착시처럼 시각적인 것으로부터 일어난다고 하더라도 이것을 저것으로 잘못 보거나 이것과 저것을 혼동하여 보는 상황을 넘어서서 이것을 저것이라고 잘못 이해하는 인식의 단계 그리고 더 나아가 이것을 저것으로 확신하는 신념의 단계로까지 진행될 수 있다. 이러하기에 착각으로 인한 실수는 시각을 바로 잡아서 제대로 보게 된다고 하더라도, 아니 시각뿐 아니라 다른 감각들을 모두 제대로 바로 잡는다고 하더라도 쉽게 만회하지 못할 수 있다. 따라서 가상현실에 있어서 현실 세계와 가상세계를 이처럼 심각한 수준으로까지 착각하게 되면, 그러한 착각의 실수를 돌이

키기는 무척 어렵게 된다.

착시 수준을 넘어서 잘못된 인식과 신념으로 굳어진 심각한 수준의 착각을 기독교가 일으키고 있다면서 무신론적 과학의 논증으로 기독교를 신랄하게 비판한 대표적 인물은 도킨스(Richard Dawkins)이다. 그의 책『만들어진 신』의 원제목인 *The God Delusion*이 말해 주듯이, 그에게 하나님이라는 개념은 기독교인들이 만들어 낸 망상(delusion)이다. 이는 착각 중에서도 매우 심각한 인식의 착각이며, 인식의 착각이 신념으로 굳어져서 허황한 믿음이 되는 착각이다. 이러한 그의 논리를 가상현실에 비판적으로 적용해 보자면 가상세계를 현실 세계로 착각하는 수위가 너무 높아지면, 결국 가상세계를 현실 세계라고 믿게 되는 수준에 이를 수 있다는 것이다. 이 수준에 이른 사람에게 착각은 더 이상 착각이 아니며 굳센 신념으로 자리 잡은 진실이 된다.

기독교 신학의 관점에서 볼 때, 위의 논리들에서 반드시 짚고 넘어가야 할 두 가지 사항은 이것이다. 첫째는 하나님이 망상이 아니라는 것이며, 둘째는 현실 세계가 망상이 되어서는 안 된다는 것이다. 이런 점에서 하나님이 망상이 아니라 실제라는 것을 변증하는 것이 기독교 신학의 오랜 사명이었던 것처럼 가상세계로 인해 현실 세계가 망상이 되어서는 안 된다는 것을 일깨워 주는 것이 21세기 메타버스 시대에 기독교 신학의 새로운 사명이 되어야 할 필요가 있다. 구체적으로 그러한 사명 실천의 예를 들어 보자면 그간 기독교 신학이 하나님이 주신 생명의 소중함을 일깨워 줌으로써 자살이 현실 세계의 문제를 해결할 방책이 될 수 없음을 일깨워 주었듯이, 아무리 어렵고 힘들더라도 현실 세계를 외면하고 가상세계로 회피하려는 것이 문제의 해결책이 될 수 없음을 기독교 신학은 일깨워 주어야 한다. 특별히 첨단과학 기술 시대에 날로 늘어가는 인터넷 중독자, 게임 중독자, VR 중독자들에게 이러한 사실을 알려 주고 일깨워 주는 일에 기독교인들은 사명감을 가져야 한다.

무엇보다도 기독교인들이 그러한 사명감을 가져야 하는 이유이자 근거는 하나님이 창조하신 세계가 현실 세계이지 가상세계가 아니라는 점에 있다. 하나님이 창조하신 현실 세계와는 달리 가상세계의 창조자는 하나님이 아니라 하나님에 의해 창조된 인간이다. 물론 현실 세계에 기반을 두고 가상세계를 추구한다면, 그것은 하나님의 창조 경륜에 잇댄 인간의 재창조의 노력으로 이해할 수 있겠지만, 만약 그러한 노력으로 인해 가상세계에 함몰되어 현실 세계를 착각하거나 외면하려는 사람들이 계속 늘어난다면, 이는 현실 부적응자들의 수가 증가한다는 사회적 문제만이 아니라 이 시대의 새로운 바벨탑 사건이 될 수도 있다. 가상현실을 구현하는 메타버스가 인간이 추구하는 새로운 세계 곧 '초월적 우주'(meta-verse)를 건설하려는 21세기 신(新)인류의 바벨탑이 될 수도 있다는 것이다.

이런 점에서 21세기 기독교 신학은 현재 초기 단계인 메타버스의 발전 양상을 가시적인 과학의 발전 양상으로만 보지 말고, 그 발전 양상의 흐름 저변에 흐르고 있는 사변적인 발전 양상도 함께 살펴봄으로써 근대로부터 과학을 통해 인류가 추구해 오던 인간 중심적 세계관이 현대에 이르러 물리적 차원을 넘어 가상의 차원에서 어떻게 형성되어가고 있는지를 예의 주시해야 할 필요가 있다. 이렇게 예의 주시하면서 메타버스 시대에 기독교 신학이 필히 되뇌어야 할 사항은 하나님이 우주의 창조주라는 사실이며, 하나님이 창조한 인간은 우주의 주인이 될 수 없다는 사실이고, 피조물로서의 인간은 하나님이 창조하신 현실 세계를 떠나 가상세계에서 온전한 삶을 살아갈 수 없다는 사실이다.

세례 요한이 청계천에 나타난다면
: 21세기 디지털 시대와 기독교

이정철

국민대학교 교양대학 조교수

누가복음 3장에 보면 세례 요한의 이야기가 나온다. 잘 알려진 대로 그는 요단강 근처에서 사람들에게 메시지를 전했고, 사람들은 그에게 나와 세례를 받았다. 또한 궁금한 것을 질문하기도 했다. 그런데 이 장면을 보며 이런 생각이 들었다. 만약 세례 요한이 오늘 우리가 사는 이 시대에 왔다면, 이 장면은 어떤 모습일까? 사람들은 그와 어떻게 소통하였을까?

잠시 생각해 보니 재미난 상상이 이어졌다. 그는 분명히 유명한 유튜브 스타가 되었을 것이다. 요즘 유튜브를 보면 특이한 모습으로 독특한 콘텐츠를 제공하며 꾸준히 업로드 하는 이들이 구독자가 많다. 그러한 사실에 따르면 세례 요한은 나름대로 자격을 갖추었다. 그는 곤충과 꿀을 먹고, 낙타털옷을 둘러 입었다고 했다. 그는 사람들에게 욕을 하고, 반성을 촉구하며, 누군지 모를 '그'가 오는 것을 준비하라는 그로테스크하면서도 아포칼립틱한 콘텐츠를 가지고 있다. 그리고 지금으로 따지면 청계천 주변을 매일같이 나와 자신의 말을 따르는 사람들은 '입수'시킨다.

세례 요한은 두 가지를 동시에 진행할 수 있을 것이다. 하나는 현장에 나와 있는 사람들에게 직접 외치는 것이고, 다른 하나는 동시에 한 손에는 전화기를 들고 유튜브 라이브를 하는 것이다. 사람들의 반응은 어땠을까? 요한이 '라방'(라이브 방송의 줄임말)을 하지 않더라도 주변에 있는 이들이 그의 사진과 영상을 찍어 페이스북이나 인스타그램 등을 통해 퍼날랐을 것이다. 그를 중계하는 채널과 인스타그램 계정은 '좋아요'와 '싫어요'의 향연이 벌어질 것이다.

이 추운 겨울날 청계천까지 나와 그를 직접 보려고 하는 이보다는 방구석에서 유튜브로 그를 보는 이들이 훨씬 더 많을 것이다. 사람들은 댓글과 실시간 대화창을 통해 그들의 생각을 나눌 것이다. 누가복음 3장 10절 이하를 보면 세리와 군인들을 포함한 군중들이 요한에게 질문하는 장면이 나온다. "저희는 어떻게 해야 하나요?" 오늘날이었으면 그것은 현장의 대화가 아닐 것이다. 라이브 채팅창을 통한 스트리머와 시청자 사이의 대화였으리라. 온라인 각지에는 그를 추종하는 사람들도 많이 생길 것이다(넷플릭스 드라마 〈지옥〉을 떠올려 보라).

상상의 나래를 조금 더 펼쳐 보기로 하자. 만약 예수가 지금 오신다면 어떠할까. 그것은 세례 요한이 드러난 방식과 크게 다르지 않을 것이다. 예수도 이미 온라인 공간을 통해 유명해졌을 것이다. 그가 방송을 직접 하지는 않았을 것 같다. 하지만 그는 서울 시내를 다니며 자신이 하실 일을 하셨을 것이다. 결혼식에도 들르고, 커다란 교회 건물에 들어가 보기도 하셨을 것이다. 그리고는 물을 와인으로 바꾸고, 교회 1층에 잘 차려진 커피숍과 서점을 엉망으로 만들어 놓기도 하셨을 것이다. 사람들은 어떻게 했을까. 그들은 모두 전화기를 꺼내 그를 촬영하고, 영상을 공유했을 것이다. 실시간으로 중계되기도 했을 것이다. 그의 행적은 온라인 뉴스에도 오르고, 포털 검색어에도 상위에 올라가고, 페이스북과 인스타그램에도 물론 모두 올라왔을 것이다.

그가 이 땅에서 사라지고 난 뒤는 어떨까. 그의 영상은 엄청난 조회 수를 기록했을 것이다. 그리고 그의 팬층은 국가와 지역과 나이를 뛰어넘었을 것이다. 그의 메시지는 도마가 인도에 도착하기 전에 들어갔을 것이고, 중앙아시아에 네스토리안들이 도착하기 전에 이미 알려졌을 것이다. 세계 곳곳에 이미 예수를 아는 이들이 있을 것이다. 그들은 영상을 봤기 때문이다.

단순한 영상들에 이어서 예수의 말과 행적, 영상을 분석한 웹사이트들이 등장할 것이다. 예수와 가까웠던 제자는 그가 보고 느낀 것을 블로그에 적었을 것이다. 그러한 기록들은 성경의 시작이 된다. 서로를 연결하는 온라인 카페와 정모가 생기는데, 그러한 모임들은 교회의 시작이 된다. 예수가 인터넷에 단 답글 혹은 제자들과 메시지를 주고받은 채팅창이 있다면 그곳은 온라인 성지가 될 것이다(오, 주여!). 초대교회의 성만찬은 이미 하이브리드(온라인+오프라인)로 전 세계에서 함께 참여할 것이다.

이러한 상상은 우리가 아는 기독교와 교회와 비교한다면

모두 과한 상상처럼 보일 수 있다. 하지만 현실에 비추어 보면 매우 '그럴듯한' 상상임은 틀림없다. 이런 상상이 우리에게 말해 주는 것은 무엇일까? 그것은 바로 세례 요한과 예수가 오늘 우리에게 온다면 메타버스 혹은 디지털 환경을 통해 복음이 전파되고, 교회가 세워지는 것이 자연스럽고 당연한 일이었을 것이라는 사실이다.

현재 우리는 코로나로 인해 신앙생활의 많은 부분이 온라인 환경으로 대체 되는 경험을 하고 있다. 하지만 이것은 코로나 때문에 생긴 일시적 현상은 아니다. 온라인 목회는 이미 그 이전에 시작되었고, 코로나가 없었더라도 우리가 마주할 상황이었다. 다만 코로나는 온라인 시대를 가속화하였을 뿐이다.

어떤 사람들은 현재 우리의 신앙생활이 온라인으로 바뀌는 것을 우려한다. 그들은 물리적인 접촉이 사라지는 것을 걱정하고, 기독교가 너무나 중요한 것들을 잃어버리고 있다고 말한다. 어떤 이들은 사람들이 온라인 예배를 선호하는 경향에 대해 매우 강도 높게 비판한다. 어떤 이들은 온라인 성찬은 진정한 성찬이 될 수 없다고 말한다. 그래서 어떤 이들은 현재의 비대면 활동들은 임시적 대안일 뿐, 기존의 종교 실천을 대체할 수는 없다고 말한다. 하지만 과연 그럴까?

초대교회를 생각해 보라. 지금 우리의 신앙생활은 초대교회 교인들의 그것과는 비교할 수 없을 만큼 다르다. 누군가의 집에서 감시를 피하며 음식을 나누던 공동체는 우리가 지금같이 커다란 예배당에 수백 명이 앉아 마이크 든 사람 외에 아무도 말하지 않는 이 예배를 보며 교회의 가장 중요한 무엇인가가 사라졌다고 여길지 모른다. 함께 살지도 않고, 모든 소유를 공유하지도 않는 우리를 보며 그들은 우리가 공동체의 의미가 무엇인지 잘 모른다고 생각할지 모른다. 함께 식사를 나누지 않는 성찬, 진짜 빵도 아니고 조그마한 제병(wafer)을 미니컵에 담긴 포도주스와 먹는 우리의 성찬을 보며 그들은 "너희는 성찬이 뭔지 몰라!"라고 말할지 모른다. 그들은 우리가 무엇인가 중요한 것을 잃어버렸다고 생각할 것이다.

이 말은, 그래서 지금 우리의 실천이 틀렸다는 것을 말하는 것이 아니다. 요지는 교회는 끊임없이 변화하며, 신자는 자신들 각자가 마주한 시대와 환경에 따라 기독교와 예수를 비슷하면서도 다르게 경험한다는 사실이다. 교회는 지난 2,000년 동안 계속해서 변화하고 진화하였다. 그 변화의 배경에는 기술의 발전과 사회·정치의 변화가 있었다. 그것에 따라 기독교 공동체는 예배드리는 방식, 장소, 복음을 듣고 전파하는 방식, 신자가 서로 연결되는 방식 등 거의 모든 면에서 변화를 경험하였다. 언젠가 누군가는 집에 숨어 예배를 드리기도 하였고, 언젠가 누군가는 도시 한 가운데 가장 멋진 빌딩에서 예배를 드리기도 하였고, 언젠가 누군가는 지하동굴에서 예배를 드리기도 했다. 누군가는 성직자가 아닌 할머니, 할아버지로부터 복음을 들었고, 누군가는 자신의 의지와 관계없이 태어나면서 교회에 등록이 되었으며, 누군가는 혼자서 성경을 읽고 기독교인이 되기도 하였다. 교회는 수평적이기도 했다가 수직적이기도 했다가 점조직 같기도 했다. 어떨 때는 세례가 무척 중요하였고, 어떨 때는 열정적인 기도가, 어떨 때는 침묵의 기도가, 어떨 때는 설교가, 또 어떨 때는 금욕을 실천하는 것이 중요하기도 하였다.

교회가 어느 한 가지 모습에서 다른 모습으로 변화될 때는 분명 소중한 무엇이 사라지기도 했다. 하지만 그것들은 다른 것으로 대체되었다. 변화가 가져온 상실은 아쉬움을 남기고, 때로는 기독교의 핵심을 잃어버렸다고 여길 때도 있지만, 그것은 '그 사람이 기독교의 핵심이라고 여겼던 그것'이 사라진 것뿐이다. 교회는 수도 없는 변화 가운데 지금까지 계속되었다. 그리하여 지금의 기독교는 과거의 기독교와 늘 다르다. 그리고 내일의 기독교도 오늘의 기독교와는 항상 다를 것이다. 내일 당장 새로운 교회가 등장하는 것은 아니지만, 조금만 한 발자국 뒤에서 본다면 그 변화는 마치 양피지에 적힌 글 조각을 모아 읽던 기독교인들이 인터넷으로 성경을 보는 것을 상상할 수 없었던 것만큼의 급진적 변화일 것이다. 이곳에서는 시간적 흐름에 따른 변화에 집중하지만, 실제로 이 변화는 통시적으로 볼 때 '변화'이고, 공시적으로 볼 때는 '다양성'으로 드러난다. 모든 교회의 변화가 모두가 공유하는 상태에서 한 가지로 변화하는 것이 아니기 때문이다. 따라서 현재와 과거의 기독교만이 다른 것이 아니라 '나'의 기독교도 '너'의 기독교와 다르다. 지금의 '나'와 '너' 사이에 기독교라는 이름으로 공유되고 있는 것들이 물론 있지만, 그것이 꼭 과거의 누군가의 기독교와도 모두 공유되는 것도 아니다.

이러한 맥락에서 보면 '메타버스 교회가 가능한가? 옳은가?' 하는 이야기는 너무나 진부한 이야기다. 예수와 초대교회 공동체가 온라인 예배와 성찬을 하지 않은 까닭은 대면 예배와 성찬이 진리여서가 아니다. 그때는 기술이 없었기 때문이다. 대면의 경험 속에 참된 신비가 있다고 믿는 것은 우리가 경험해 온 기독교가 그랬기 때문이다. 태어나서부터 비대면으로 하나님을 더 많이 경험하는 지금의 어린아이들 그리고 그 이후 세대에게 참된 신비는 우리가 생각하는 것과는 다를 것이다. 모두가 한순간에 메타버스의 세계로 들어가야 하는 것은 아니지만, 이제 만져지는 것만이 진짜고, 만져지지 않는 것은 가짜라는 의식은 낡은 사고이다. 우리는 이미 만져지는 것과 만져지지 않는 것 사이가 모호한 사회를 살아가고 있다. 중요한 것은 그러한 현실 가운데 어떻게 하면 급진적이고 조건 없는 사랑, 겸손과 온유, 돌봄과 환대를 계속 실천하고, 다른 이들에게 경험할 수 있도록 도울 수 있을까를 고민하는 것이다.

보다 구체적으로 이러한 변화를 살아가는 우리에게는 적어도 다음 세 가지의 태도가 필요할 것이다. 첫째, '교회는 변한다'라는 사실을 받아들이는 것이다. 변화를 부정적인 것이 아니라 긍정적인 것으로 받아들이는 태도이다. 위에서 언급한 대로 교회는 지금까지 항상 변화해 왔고, 우리가 깨닫든, 깨닫지 못하든 계속해서 변화해 왔다. 우리는 우리 자신들이 모두 그러한 변화의 한 지점에 놓여 있다는 사실을 새삼 되새기고 받아들일 필요가 있다. 둘째, 지나가는 것들에 대한 집착을 버리고, 새로운 것을 받아들이는 자세를 갖는 것이다. 이를테면 건물교회를 중심으로 한 대면 예배가 규범(norm)으로 여겨지는 인식은 이제 그리 오래가지 않을 것이다. 교단과 교단 신학교를 중심으로 하는 폐쇄적이고 위계적인 시스템도 마찬가지이다. 그것들을 붙잡으려 하기보다 어떻게 변화시켜야 할지 적극적으로 생각해야 한다. 마지막으로는 '궁금해하는 자세'를 갖는 것이다. 어느 가수의 어머니가 방송에 나와 나눠준 지혜다. 그녀는 아이들을 키우면서 나와 다른 모습, 이해할 수 없는 모습을 볼 때, "쟤는 왜 저러지?"라고 말하지 말고, "쟤는 무엇이 될까? 어떻게 클까?"라고 궁금해하는 자세를 가져 보라 권유하였다. 이것이 우리에게 필요한 자세다. 세상이 너무 빠르게 변화한다고 생각될 때, 더는 그 변화를 따라가지 못할 것 같을 때, 새로운 세대가 잘 이해되지 않을 때, "그게 아닌데…", "쟤들은 왜 저러지?"라고 혀를 찰 것이 아니라 "나는 여기 앉아서 지켜볼게. 너희가 어떻게 변화하고 성장할지 궁금하고 기대된다"라고 말하는 것, 그것이 우리에게 필요한 자세일 것이다.

메타버스 시대의 신학과 목회
— 함께 성찰하며 예언자적 역할을 감당하기를

김종우

시온산교회 목사

1

신학은 문화 안에서 종교가 가지는 의미와 역할을 매개
한다. 그러므로 각 시대의 문화 안에서 종교의 의미와 역할
이 제대로 구현되기 위해서는 신학이 필요하며, 모든 시대의
신학자들의 어깨에는 그와 같은 중대한 책임이 부여되어 있
다. 그렇다면 이는 마땅히 '메타버스 시대에도' 성서가 증언
하는 하나님에 대하여 말이 되고 뜻이 통하도록 신학이 자신의

186 | 제3장 _ 메타버스 시대에 신학과 목회의 미래

고유한 역할을 감당해 나가야 한다는 것을 말한다.

하지만 이것은 단지 신학만의 역할이 아니라 더욱 실질적인 의미에서는 목회의 역할이기도 하다. 문화 안에서 종교가 가지는 의미와 역할에 대한 매개는 단지 '앎'에서만 이루어지는 것이 아니라 더욱 진정한 의미에서는 우리의 '삶'을 통하여 이루어져 가야 할 것이 마땅하기 때문이다. 말하자면 '메타버스 시대에도' 하나님의 말씀이 한 생명 한 생명의 가슴을 울리고, 이 땅의 생명들이 그리스도 안에서의 삶을 담대하게 지속해 나갈 수 있도록 해야 할 책임이 목회자들의 어깨에 있다는 것을 말한다.

그렇다면 신학과 목회는 각자 고유한 사회적 책임을 가진 전문 직종으로서는 구별될 수 있겠지만, 하나님에 대하여 '묻고, 배우고, 소통하는' 공동의 목표에 있어서 분리될 수는 없는 것이다. 거칠게 구별하자면 신학이 '앎'의 영역에서, 목회가 '삶'의 영역에서 주로 이루어지는 영역이라고 말할 수는 있겠으나, 우리가 하나님에 대하여 '묻고, 배우고, 소통하는' 일이 '앎 없이 삶 따로' 혹은 '삶 없이 앎 따로' 이루어질 수 없다는 것을 숙고한다면 이러한 생각에 어렵지 않게 동의할 수 있을 것으로 생각한다.

2

근래에 우리는 '메타버스 시대'라는 새로운 문화적 상황을 맞이하게 되었다. '시대'라는 거창한 단어가 지금 필자에게도 그리 어색하게 느껴지지 않는 것을 보면 요즘 메타버스가 대세이기는 한가 보다. 하지만 신학이 그와 같은 시대적 변화에 민감하게 반응하게 된 것은 그리 오래된 일이 아니다. 왜냐하면 그리스도교 신학이 역사 속에 등장한 이후로 대부분의 기간 동안에는 문화에 대한 규범적 관념, 곧 어떤 영원히 지속되는 보편적 문화가 있다는 생각이 지배적이었기에 문화의 변화는 부차적인 것으로 생각되었기 때문이다. 그때 신학은 고정된 문화 관념 안에서 종교가 가지는 의미와 역할을 매개함에 있어서 시대의 변화와는 무관한, 영원한 성취를 지향하였고, 결과적으로는 신학 자신의 본성에 관한 관심을 주로 가져왔다. 이러한 관심에서 보자면 "메타버스 시대의 신학과 목회"라는 우리의 물음은 "메타버스 시대에도 불구하고, 신학과 목회의 변하지 않는 본질은 무엇인가?"라는 질문으로 새겨져야 할 것이다.

하지만 오늘날 우리는 문화를 그와 같은 규범적 관념에

서 생각하지 않고, 하나의 삶의 방식으로서 새기고 있다. 문화는 사람들이 오늘도 그 속에서 살아가고 있는 씨줄과 날줄로 얽힌 의미와 가치의 망이며, 지금도 변화되는 과정 중에 있는 흐름으로서 각 시대의 인간의 자기 이해와 우리가 살아가는 매일의 삶의 방식에 지속적인 영향을 주고 있는 것으로 생각된다. 그때 신학은 자신의 본성보다는 신학의 방법에 더욱 큰 관심을 기울이게 된다. 왜냐하면 끊임없이 변화해 가는 문화 안에서 신학이 종교가 가지는 의미와 역할을 제대로 매개하기 위해서는 신학의 '무엇', 곧 정체의 물음보다는 신학의 목적을 이루기 위한 방법의 물음, 곧 '어떻게'라는 물음이 더욱 적실한 것으로 여겨지기 때문이다. 이러한 관심에서 우리는 "메타버스 시대 속에서 신학과 목회가 '어떻게' 자신의 목적을 제대로 구현해 나갈 수 있을까?"를 묻게 된다.

오늘날 많은 신학자가 다양한 문화적 상황들을 중시하면서 각자의 방법에 따라 신학을 수행해 가고 있는 것 그리고 여기서 우리가 "메타버스 시대의 신학과 목회"를 묻는 것도 그러한 맥락에서 이해될 수 있을 것이다. 물론 여기서 '상황'이란 더 이상 어쩌다 주어진, 그래서 우리가 그와 관계해도 좋고 아니어도 괜찮은, 어떤 부수적인 사태가 아니라 폴 틸

리히의 통찰과 같이 기존에 영위해 왔던 우리의 삶의 방식을 뒤흔들고, 인간 실존의 총체적 자기 이해를 변혁시키는 신학에 있어서의 주된 요소를 말한다. 그렇다면 우리의 물음에서 '메타버스 시대의'라는 저 말의 무게가 '신학과 목회'라는 말의 무게와 비교해 볼 때 그리 가벼운 것은 아닌 것 같다. 이것이 우리가 '메타버스 시대'를 진지하게 고민해야 하는 신학적 이유 중 하나라고 생각한다.

3

이제 '메타버스 시대'라는 말이 격조사 '의'를 사용하여 어떤 점에서는 '신학과 목회'의 뜻을 한정하고 있는 전체 말의 의미 덩어리, 곧 "메타버스 시대의 신학과 목회"에 대한 자신의 감정에 잠시 귀를 기울여 볼 것을 제안한다. 때로는 감정이 우리 스스로도 알지 못했던 자신의 솔직한 생각들을 수면 위로 드러내 주기 때문이다.

― 잠시 귀 기울여 보는 시간 ―

어떤 감정이 드는가? 아마도 어떤 이에게는 호감이, 또 다른 이에게는 반감이 나타날 것 같다(물론 "나는 그에 대하여 아무런 감정[생각]이 없다!"는 이도 분명히 있을 것이다. 어쨌거나!). 그렇다면 이제 우리가 조금 더 세심하게 살펴보아야 할 것은 왜 '메타버스 시대의'라는 말이 '신학과 목회'와 연관하여 우리 각자의 마음속에서 그와 같은 감정으로 나타나는지를 따져보는 일이다. 어떤 거창한 이야기보다는 이와 같은 성찰적 작업이 메타버스 시대와 연관된 우리 각자의 개별적인 '신학과 목회'를 더욱 제대로 구현해 나갈 수 있는 첫 번째 단추가 된다고 생각한다.

먼저 호감을 가지고 메타버스 시대를 바라보는 입장을 살펴보겠다. 그 입장은 무엇보다도 그러한 새로운 시대적 상황이 가지고 올 수도 있을 '수단적 가치'로서의 유익에 주목하고 있다. 다시 말해서 '메타버스 시대'는 하나님에 대하여 묻고, 배우고, 소통하는 일에 대한 긍정적인 도구로서 역할을 할 수 있을 것으로 기대한다.

몇 가지만 예를 들어보겠다. 값비싼 유지비를 감당해야 하는 교회 부지와 건물이 어쩌면 더 이상 불필요하게 될 수도 있고, 공간의 한계를 넘어 수천만 명이 동시 집회를 할 수도 있다. 장소와 상관없이 어디에서나 예배와 교제의 처소가 만들어질 수 있다. 특히 코로나19와 같은 위기 속에서도 필요하다면 언제든지 여름수련회나 성경공부 모임 등을 안전하게 시행할 수 있다. 메타버스 기술을 활용하여 마치 우리가 성경의 이야기 속으로 들어가 있는 것과 같은 생생한 체험을 제공해 줄 수도 있다(필자 역시 설교자로서 그런 상상을 하면 가슴이 뛴다). 마지막으로 어떤 분들이 주장하듯이 (교회를 떠난 MZ세대가 활보하는) '메타버스'가 그리스도의 지상 명령(마28:18-20)을 수행해야 할 마지막 장소일지도 모른다. 그런 선교적 사명 의식에까지 이르면 메타버스에 대한 우리의 호감은 점점 커지게 된다.

하지만 반대 입장들도 있다. '메타버스 시대'가 우리가 하나님에 대하여 '묻고, 배우고, 소통하는' 일에 관하여 단지 수단적 가치에만 머무르는 것이 아니라 우리가 이를 통해 구현하고자 하는 본질적 가치를 '압도'하고, 우리의 내면에서 '충돌'하는 느낌이 지속될 때 우리의 마음속에서는 어느덧 반감이 나타나게 된다. 다시 말해서 '메타버스 때문에' 우리가 하나님에 대하여 '묻고, 배우고, 소통하는' 일이 어느 지점에서인가 어그러지지는 않을까 하는 의구심이 일어나고, 과연 메타버스에서 성도의 교제나 성례전이 진정한 의미에서 가능한 것인지, 육화된 인격(embodied personality)으로서 예배자의 전인성이 혹시나 침해당하게 되는 것은 아닌지, 메타버스에 대한 이 시대의 관심이 흥분을 넘어 유사-종교와 같은 광분으로 가는 것은 아닌지를 묻게 되기 때문이다. 그래서 하나님께서 친히 진한 호흡까지 불어 넣으셔서 창조하신 사람(창2:7)이 '서로의 호흡과 호흡을 나누지 못하는' 관계성 속으로 들어가게 될 때, 그리스도께서 수난 가운데 자신을 희생하여 나누어주신 '살과 피'(막14:22-24)가 더 이상 어떠한 감응도 불러일으키지 못하는 무통(無痛)의 문화가 우리를 지배할 때, 메타버스라는 '새 하늘과 새 땅'(계21:1)에 대한 맹목적 흥분과 새로운 기술문명으로부터 배제된 이들의 소외가 어지러이 공존하는 가운데, 결국에는 우리의 신앙과 인격이 디지털 환경 속으로 환원되어버리는 것은 아닌지에 대한 비판적 물음들이 나타나게 되기 때문이다.

4

근래에 『메타버스 테크놀로지 – 디지털 트랜스포메이션

의 종착지』(김기영, 2021)라는 책을 보게 되었다. 그 책에서 저자는 메타버스 기술이 혁신적인 이유는 지금까지 발전된 모든 기술이 하나의 언어인 디지털을 통해 연계되고 통합될 수 있기 때문이라는 의견을 피력하고 있었다. 이러한 저자의 의견을 따라서 약간의 상상력을 더해 본다. 이미 20세기 말에 등장한 월드와이드웹(WWW)이 세계를 한 차례 '지구촌'으로 묶어냈듯이 이제 사물인터넷(IoT)이나 만물인터넷(IoE)을 비롯하여 초연결사회(hyper-connected society)를 지향하는 다양한 디지털 기술들이 결국에는 하나의 '메타버스'—그 이름도 'Meta + Universe'이다—로 통합되어 가면서 인류 사회 역시 통합해 나갈 것이라고 말이다(필자가 너무 나간 것일까?).

(아무튼) 그때가 온다면 '유니버스'와 '메타버스'의 관계는 어떻게 될까? 그리고 만약 그러한 시대가 도래한다면 '신학과 목회'의 모습은 과연 어떤 것이 될까? 미래를 장담할 수는 없지만 가까운 사례를 통하여 한 번 상상해 본다. '2030년을 2020년으로 당겨온 타임머신'으로 불리는 '코로나19' 상황에서 수많은 교회가 문을 닫는 와중에 무수한 목회자들이 유튜버(YouTuber)가 되었고, 곳곳에서는 비대면 예배가 이루

어졌다. 그렇다면 아마도 가까운 미래에는 기존의 신학과 목회의 방식을 그대로 유지하면서도 '메타버스 또는 디지털 기술 환경을 수단으로 활용'하는 일이 점차 증가하지는 않을까 하는 생각을 자연스럽게 하게 된다. 그리고 어느 시점에서는 이를 넘어서 '메타버스 또는 디지털 기술 환경에서만' 수행할 수 있는 새로운 형태의 신학과 목회가 출현하지 않을까 하는 생각도 하게 된다.

물론 현재 우리는 디지털 물결의 과도기에 있다. 한 예를 들면 (신학의 인접 학문이라 할 수 있는) 인문학계에서는 '디지털 인문학'(Digital Humanities)이라는 이름으로 모든 인문학적 텍스트의 디지털화 작업이 활발하게 이루어지고 있다. 미국 국립 인문학 기금이 디지털 인문학부를 설치한 2008년을 본격화된 시점으로 잡는다면, 시작된 지도 이미 14년을 훌쩍 넘었다. 그러한 조류 가운데 '신학과 목회'와 관련된 방대한 자료들과 텍스트들 역시 디지털 환경 속에서, 그래서 결국에는 메타버스에서 온전히 구현될 수 있도록 단계적으로 전환되어 가는 중이다.

여기서 우리가 주목해 볼 것은 그와 동시에 인문학계 내에서는 '디지털 인문학'에 대한 격렬한 논쟁이 벌어지고 있다는 사실이다. 디지털 인문학을 옹호하는 진영에서는 그것이 시대 상황의 대전환에 의한 불가피한 선택이기는 하지만 그럼에도 불구하고 권위적이고 제도적인 인문학이 아닌 민주적이고 개방적인 인문학, 곧 진정한 의미에서의 인문학으로 나아가는 것으로서 생각되고 있다. 하지만 반대 진영에서는 인문학의 모조품이나 컴퓨터공학의 일부로서 기껏해야 인문학에 디지털 기술을 적용하는 협소한 분야에 지나지 않는 것으로 여겨지고 있으며, 그들은 '디지털 제국주의자들'에 대한 강한 경계와 우려를 표출하고 있다. "메타버스 시대의 신학과 목회"의 길을 제대로 구현해 나가기 위해서는 이와 같은 인접 학문에서의 목소리에 귀를 기울이면서 현행 디지털 문화로의 전환에 대한 진지한 신학적 성찰이 수행되어야 한다고 생각한다.

5

다행히 지난 2014년부터 영국의 더럼대학교에서는 '디지털 신학'(Digital Theology) 석사과정을 개설하여 이와 같은 문제에 대한 논의를 본격적으로 시작했다고 한다. 그리고 지난 2019년, 이 연구센터의 주요 연구자들이 게재한 한 논문을 보면 그들이 수행하고자 하는 디지털 신학을 4개의 층위에서 정의할 것을 제안하고 있다. 이를 우리의 주제에 맞춰 조금 바꾸어 보면 다음과 같다. ① 디지털 기술을 활용하여 기존의 '신학과 목회'를 보다 효과적으로 수행하는 것, ② 디지털에 의해 비로소 가능하게 된 '신학과 목회'를 수행하는 것, ③ 디지털에 대한 의도적이고 일관되며 반성적인 '신학과 목회'적 참여를 수행하는 것, ④ '신학과 목회'의 빛에서 디지털에 대한 예언자적 재평가를 수행하는 것.

여기서 연구자들은 앞서 상상해 보았던 상황(①과 ②)에서 한 걸음 더 나아가서 우리가 디지털 기술 환경 혹은 더 나아가 '메타버스' 안에서 하나님에 대해 '묻고, 배우고, 소통하는' 일을 더욱 적극적으로 수행하고 참여(③)하면서 '메타버스' 안에서도 마땅히 '하나님 나라'를 이루어 나가기 위한 '신학과 목회'의 책임을 다해야 한다(④)고 외치고 있는 것처럼 보인다.

같은 논문에서 이들은 디지털 신학이 추구해야 할 목표들을 그와 같은 연장선상에서 다음과 같이 정리하고 있다. ① 디지털 기술을 활용하여 '신학과 목회'에 대한 모든 측면을 향상시키는 것, ② '신학과 목회'의 측면에서 디지털 기술의 사용을 분석하고 비판하는 것, ③ '신학과 목회'에 대한 디지털의 영향을 기술하고 맥락화하는 것, ④ '신학과 목회'의 빛에서 디지털 문화가 나아가야 할 방향을 결정하는 것, ⑤ '신학과 목회'의 측면에서 디지털에 대한 예언자적 재평가를 제공하는 것, ⑥ 디지털 환경에서 사람들이 올바른 신앙으로 나아갈 수 있는 디지털 문화가 이룩될 수 있도록 촉구하는 것(이 역시 우리의 주제에 따라 수정하였다).

이와 같은 디지털 신학의 목표는 디지털 트랜스포메이션의 종착지인 "메타버스의 시대의 신학과 목회"를 위한 우리의 관심과 공명하고 있다. 물론 그 전에 우리가 그에 대한 자신의 감정을 진솔하게 마주하고, 그 연원에 대한 진지한 성찰의 시간이 필요함을 제안하였다. 만약 호감이나 반감이 든다면 혹은 그에 관해 무감하다면 나는 왜 그러한가에 대하여 스스로 자신의 감정과 생각을 진지하게 돌아보는 시간을 통하여 우리 안에 있는 편견과 오해는 바꾸어 나가고 맹목적인 기대나 추종은 지양해 가면서 새롭게 등장한 '메타버스 시대'에도 하나님에 대해 '묻고, 배우고, 소통하는' 우리들의 소중한 과업을 다 함께 즐거운 마음으로 지속해 나갔으면

한다. 그리고 이를 통해 신학과 목회가 메타버스 시대에도 '소금과 빛'(마5:13-16)으로서의 역할을 잘 감당할 수 있기를 기대해 본다.

참고자료

강성열, 김은혜, 신재식, 이진형, 장윤재, 정기묵, 정원범, 황홍렬 (2020). 코로나 19와 한국교회의 회심 – 신학·목회·선교의 과제. 서울: 도서출판 동연.

김기영 (2021). 메타버스 테크놀로지: 디지털 트랜스포메이션의 종착지. 서울: 에이콘.

김도훈, 박찬길, 이재경, 이필렬, 조지형, 최순옥, 홍윤기 (2001). 디지털 시대의 인문학, 무엇을 할 것인가. 서울: 사회평론.

김정형 (2021). 디지털 세계의 출현에 대한 창조신학적 성찰. 한국조직신학논총, 63, 165-197.

김형락 (2021). 기독교 메타버스(Metaverse) 공동체와 예배에 대한 연구. 신학과 실천, 76, 41-66.

류인태 (2020). 디지털 인문학은 인문학이다. 인문논총, 77(3), 365-407.

문상호, 강지훈, 이동열 (2016). 디지털 인문학의 이해. 파주: 한국학술정보.

박승억 (2011). 총체적 디지털화와 인문학의 미래. 인문과학, 48, 169-186.

박영범 (2021). 메타버스와 교회 존재. 활천, 816(11), 28-32.

박일준 (2021). 연장된 인간, 연장된 문제: 팬데믹 시대 디지털 네트워크로 연장된 인간의 문제. 인문과학, 122, 123-163.

박치완, 김기홍 (2015). 디지털인문학, 인문학의 창발적 변화인가?. 현대유럽철학연구, 38, 185-219.

박치완, 김기홍, 유제상, 세바스티안 뮐러, 강소영, 구모니카, 김성수, 김윤재, 김평수, 박현태, 위군, 조성환, 한주리, 홍종열 (2015). 디지털인문학이란 무엇인가?. 서울: 꿈꿀권리.

신승환 (2019). 디지털 시대의 인간이해와 인문학. 인문과학, 116, 167-196.

안덕원 (2020). 디지털 미디어 시대의 기독교 예배-전통적인 경계선 밖에서 드리는 대안 예배를 위한 제언. 복음과실천신학, 56, 45-82.

이중원, 신상규, 구본권, 상제, 천리화, 김일환, 이도길, de Fremery, W., 김상훈 (2017). 디지털 시대 인문학의 미래. 서울: 푸른역사.

주종훈 (2021). 디지털 예배의 목회적 신학적 고찰과 실천 방향. 복음과 실천신학, 60, 45-81.

천세영 (2021). 메타버스 시대의 도래: 메타버스는 무엇인가, 가능성은 어디까지인가?. 활천, 816(11), 24-27.

Lonergan, B. J. F. (1979). *Method in Theology*. New York: The Seabury Press.

Phillips, P., Schiefelbein-Guerrero, K., & Kurlberg, J. (2019). *Defining digital theology: digital humanities, digital religion and the particular work of the CODEC research centre and network*. Open Theology, 5(1), 29-43.

Tillich, P. (1951). *Systematic Theology*, v. 1. Chicago: University of Chicago Press.

기술적 진보가
신학적 진보로 이어지길

김기대

로스앤젤레스 평화의교회 목사

20세기가 끝나갈 즈음 로스앤젤레스에 있는 미국장로교
(PCUSA) 소속 한인 교회 목사로 부임했다. 교회에는 부임했
지만, 노회의 형식적인 인터뷰 절차가 남아 있었다. 미국 장
로교 내에서도 꽤 진보적이라고 소문난 태평양노회(The
Presbytery of the Pacific)였던 터라 나는 그들이 듣고 싶어 하
는 이야기를 할 준비가 되어 있었다. 종교 간의 대화, 성소수
자 이슈, 석사 논문을 불교로 썼다는 데 이르자 주로 백인들
로 이루어진 인터뷰어들의 표정은 밝아지기 시작했다. 인터

뷰 말미에 내 이력서를 확인한 어떤 이가 "너 이메일도 쓰는구나!"라고 했다. 이건 무엇? 내가 뜨악해할 겨를도 없이 그들은 자기들끼리 놀란 표정을 교환했다. 한국 전쟁 직후에 미국에 도착한 한국 사람 정도로 이해하는 건가 하는 내 생각은 괜한 피해의식이라는 걸 깨닫는 데는 오랜 시간이 걸리지 않았다. 20세기 후반에 그들에게 이메일은 '진보'의 표식이었고, 그래서 연대 의식을 확인하는 과정에서의 놀람이었다.

푸코에서 시작된 생명정치 개념은 주권자의 죽일 수 있는 권리가 생명을 관리하는 권력으로 바뀌어 얼핏 진일보한 것처럼 보이지만 실은 이 권력으로 감시하고 통제한다는 개념으로 아감벤이 발전시켰다.

나의 이메일 사용에 놀랄 정도로 늦었던 그들의 '장비'는 내가 데스크탑에 머물러 있을 때 슬림형 노트북을 선점(?)하더니 이어서 스마트폰으로, 태블릿으로, MS Surface로 빠른 속도로 '진보'했다. 영어 친화적인 컴퓨터 언어 때문인지 몰라도 시작은 미약했던 사람들의 진보는 엄청났다. 그들은 나이가 들어갈수록 새로운 기기에 더 익숙해져 갔다. 그들의 곁 사람은 '후패'해 갔지만 한국 같으면 '태극기 부대'로 불릴 만한 세대들이 기술의 진보와 함께 미국 장로교의 여러 진보적 의제들을 견인해 갔다. 기술의 진보가 역사의 진보로 이어지지 않을 수도 있다는 발터 벤야민의 우려가 무색할 정도였다.

한때 지메일을 사용하는 사람들이 진보적이라는 진영 분석도 있었지만, 구글이 검색엔진 시장을 석권한 이후로 구글은 '진영'이 아니라 '보편'이 되었다. 애플은 끝까지 보편보다는 '진영'을 택한 것처럼 보인다. 초심을 잃어가던 페이스북이 이 진영 논리의 판에 '메타'로 변신한 후 뛰어들었다. 메타버스의 '메타'에는 아무 말 않던 여론이 페이스북의 메타에는 히브리어의 '죽은'과 발음이 같다고 몰아붙였다. '죽은'의 여성형 형용사 미타(mi-ta)와 비슷할 뿐이지만 여론은 회생의 몸부림을 치는 페이스북을 곱게 보아주지 않았다. 기술 발전은 진보의 아젠다라는 점을 에둘러 비판한 반응이었다.

기술적 진보에 먼저 다가간 진영이 진보인 건 맞다. 대한민국에서도 초기에는 커뮤니티들이 진보적인 의제들 중심으로 형성되었다가 일베나 극우 유튜브가 뒤늦게 전장(시장?)에 뛰어들었다. 보수적인 그들이 쏟아 내는 내용들은 한결같이 퇴행적이라는 점에서 IT의 발전이 진보의 영역인 점은 변함없어 보인다.

미국도 크게 다르지 않았다. 지난 2003년 미국 민주당 대통령 후보 경선에 나섰던 하워드 딘(지금의 버니 샌더스 분위기였다)에게 적은 후원금을 보낸 적이 있는데 줌(Zoom)도 없던 시절, 어떤 형태였는지 기억은 희미하지만, 아무튼 온라인에서 소통하려는 시도들이 계속되었다. 반면 2009년에 시작한 보수적 티 파티(Tea Party)는 그때도 오프라인을 강조했다.

IT의 본고장이 미국이라면 대한민국은 IT의 선진국이다. 미국에서 한인 목회하는 사람에게 이런 주제의 원고 부탁이 들어온 까닭은 IT 선진국 출신의 이민자가 본고장에서 메타버스를 어떻게 체감하고 있는지를 알고 싶은 의도였을 것이다.

'문송'(문과라서 죄송)스럽게도 나는 그 용어에 대해서 잘 알지 못한다. 가상현실, 증강현실, AI 등은 알고 있지만 지금 내 수준은 이런 편린들의 종합이 메타버스라는 수준에 머물러 있다. 하지만 메타버스의 '호황'이 뭘 의미하는가에 대한 관심이 있었던 터라 한 번은 정리해 보고 싶었다.

'메타버스 시대에 신학과 목회?' 이런 화두가 의미를 가지게 된 것은 코비드-19으로 인한 '비대면' 예배라는 낯선 용어가 일상화되었기 때문이다. 생명정치, 국가 개입 등으로 비대면 예배에 비판적이었을 법한 진영이 우호적으로 바뀐 데는 아마도 미국의 트럼프와 한국의 신천지 그리고 문재인 정부의 초기 방역 성공에 대한 질투 세력이 한몫했으리라!

비대면 예배가 시작되자 기독교 내에서도 진보 보수의 싸움이 시작되었는데 이른바 진보 기독교 내에서의 반응은 고작 '비대면 예배'도 예배라는 주장밖에 없었다. 거기에는 모이지 말라는데 꾸역꾸역 모이는 신천지 류의 교회들에 대한 조롱만 있었지, 새로운 성찰은 없었다. 나는 백신도 열심히 맞는, 즉 백신 음모론자가 아니라는 걸 밝히고 하는 말이지만, 국가 방역이 주는 생명정치의 우려에 대해서 진보는 그렇게 할 말이 없었을까?

옳고 그름을 떠나서 조르조 아감벤이 『얼굴 없는 인간』 (박문정 옮김, 효형출판, 2021)에서 제기한 인문적 사유 같은 성찰이 신학과 목회에서는 왜 불가능할까? 정치 철학이 실종되고 정치신학이 대두되었을 때 슬라보예 지젝이나 조르조 아감벤 같은 사람들에게 '성찰'을 넘겨준 것도 결국은 신학의 자업자득이라는 생각도 든다.

그래서 나는 '메타버스 시대에 신학과 목회' 같은 기획들을 별로 신뢰하지 않는다. '메타버스'의 버스가 Bus가 아니라 Universe의 verse라는 걸 우리 모두 알고 있지만 아직도 우리의 사고는 Bus에 머물러 있다. 어떤 신세계로 우리를 데려다줄 운송 도구로서의 버스 말이다. 그 지점에서 교회가 어떻게 생존할지에 대한 도구적 고민만 있지, 내용에 대한 성찰적 고민은 없어 보인다. 신학과 목회는 방편(도구)이 아니라 내용인데, 내용의 핵심인 Verse(Text)에 대한 깊은 성찰을 현실의 논의에서 발견할 수 없다는 점이 아쉽다.

우리가 가보지 못한 신세계는 버스(Bus)의 종점으로서의 지점이 아니라 그동안 우리가 경험해 보지 못한 텍스트(verse)가 만드는 세계가 메타버스의 진정한 결말이 되어야 한다. 그래야 기술의 진보가 역사의 진보를 역행하지 않는다. 신자유주의가 붕괴된 그곳에서 경제적 평등이 이루어지고, 전쟁이 끝나고, 생태계가 온전히 보전되고, 각계각층 소수자들이 자기의 권리를 침해당하지 않는 그런 신세계 말이다.

새로운 텍스트가 쓰여지는 곳 그리고 실천되는 곳(Context)이 메타버스의 종점이다.

글쓴이 알림

강원돈

한신대학교 신학부 은퇴교수/대우교수. 한국신학대학교 신학과(Bachelor of Theology) 및 대학원 신학과를 졸업(Th. M.)하고 독일 루르대학교 개신교신학부에서 신학 박사학위(Dr. theol.)를 받았다. 박사학위 논문은 "생태학적 노동 개념을 규명하여 경제윤리의 근거를 새롭게 설정함: 인간적이고 사회적이고 생태학적 친화성을 갖는 노동을 형성하는 데 고려할 규준들과 준칙들에 대한 해명"이다.『물(物)의 신학-실천과 유물론에 굳게 선 신학의 모색』,『살림의 경제』,『인간과 노동』,『지구화 시대의 사회윤리』,『사회적 개신교와 디아코니아』등 20여 권의 저서와 공저가 있으며, "유물론적 역사관과 기독교 신학의 대화", "만민(萬民)에서 개인(individual)으로의 전환" 등 300여 편의 논문과 학술 에세이 등을 집필했다.

김기대

연세대학교 신학과와 서강대학교 대학원(M. A.), 장로회신학대학원(M. Div.), 한국학 중앙연구원(Ph. D.)에서 공부했다. 1998년 로스앤젤레스 소재 한인교회인 평화의교회(PCUSA)에 부임해서 25년째 목회하고 있다. 지은 책으로는『감독도 모르는 영화 속 종교 이야기』,『교회는 언제쯤 너그러워질까』,『예배당 옆 영화관』이 있다.

김동환

연세대학교 연합신학대학원 교수, 연세의료원 원목실장 겸 교목실장. 연세대학교 학사와 신학석사, 한신대학교 목회학석사, 미국 게렛신학대학원 신학석사와 박사학위(Ph.D.)를 받았다. 전공은 기독교윤리학이며, 특별히 과학기술과 신학의 관계에 대해서 포스트휴머니즘의 급진적인 부류인 트랜스휴머니즘을 2011년에 "Comparing Transhumanism with Christian Humanism: A Niebuhrian Response to Transhumanists"을 통해 국내 신학계에 최초로 소개하는 것을 시작으로, 첨단 테크놀로지를 신학적으로 비평하는 연구에 매진해오고 있으며, 이와 관련하여 12편의 학술논문을 게재하였다.

김상일

연세대학교 신학과에서 학사와 석사 학위를 받았다. 성균관대학교 유학대학에서 문학 석사를 마치고 미국으로 유학하여 필립스대학교에서 석사 학위를, 클레어몬트대학교 대학원에서 과정사상 연구로 철학박사 학위를 받았다. 2006년 한신대학교 철학과 교수직에서 은퇴한 뒤, 현재 미국 클레어몬트대학교의 Center for Process Studies에서 Korea Project Director로 연구에 종사하며 남가주 오렌지카운티에 거주하고 있다. 저서로는『철학의 수학소』,『부도지 역법과 인류세』,『악학궤범 학제적 연구』,『악학궤범 新연구 - 한태동의 악학궤범 연구에 대한 이해와 고찰』,『한의학과 현대 수학의 만남』,『대각선 논법과 易』,『괴델의 불완전성 원리로 풀어본 원효의 판비량론』,『러셀 역설과 과학 혁명 구조』등 다수가 있다.

김치범

새벽교회 부목사. 연세대학교 신학과(Th.B.), 장로회신학대학교 신학대학원(M.Div.), 연세대학교 일반대학원 신학과 석·박사통합과정(Ph.D.).

김종우

시온산교회 담임목사. 고려대학교 생명과학대학을 졸업하고, 연세대학교와 계명대학교에서 신학과 의학을 공부한 후, 연세대학교에서 신학 박사학위를 받았다. 주요 논문으로는 "의료현장에서의 고통에 대한 과학주의적 접근 비판: 신학적 성찰을 통한 통전적 해방을 위하여"(신학연구), "디지털 인문학 연구에서 종교철학의 역할: '내한 선교사 편지(1880-1942) 디지털 아카이브 구축' 경험을 통하여"(인문과학)가 있으며, 저서로는『금계 박건한 목사 설교 연구』, 공저로는『생명과학, 신에게 도전하다』, 역서로는『언더우드 선교사의 미국무부재외공관문서 편지』등이 있다.

박승인

협성대학교 웨슬리창의융합대학 교수. 서울대학교 전자공학과를 졸업한 후 연세대학교 신학과 학사, 대학원 신학과 석사를 마쳤고, 스위스 바젤대학교에서 박사학위를 받았다. 주요 논문으로는 "Die Verhaeltnisbestimmung von Evangelium und Kultur", "최태용의 신앙운동, 신학운동, 교회운동", "신자유주의의 효율성과 효율적 이타주의" 등이 있고, 저서로는『기독교신학의 첫걸음』, *Kontextuelle Theologie und Hermeneutik*, 『서양사상의 이해 (1,2)』, 공저로는『한국신학, 이것이다』, 『지동식의 신학과 사상』, 『한류로 신학하기』, 『남겨진 자들의 신학』, 『소수자의 신학』 등이 있다.

박호용

연세대학교 철학과(B.A.), 장로회 신학대학원(M.Div.) 및 연세대학교 대학원 신학과(Th.M., Ph.D.) 졸업. 예능교회 및 소망교회 부목사, 대전신학대학교 교수(구약학), 유라시아 선교회 회장 역임, 현재 대전신학대학교 구약학 교수. 지은 책으로《폰 라드》,《야웨인지공식》,《요한의 천재성: 상징코드》,《창세기 주석》,《출애굽기 주석》,《요한복음 주석》,《유레카 익투스 요한복음》등과 다수의 번역서가 있다.

서정민

연세대학교 신학과 졸업, 동 대학원 수학, 일본 도시샤(同志社)대학 박사학위 취득, 연세대학교 신과대학 및 연합신학대학원 교회사 교수, 동 신과대학 부학장 역임, 현재 일본 메이지가쿠인(明治学院)대학 교수 및 동 대학 그리스도교 연구소 소장 재직 중. 주요 저서『제중원과 초기 한국기독교』,『한국교회의 역사』,『언더우드가 이야기』,『이동휘와 기독교』,『日韓キリスト教関係史研究』(日本キリスト教団出版局, 2009),『한국가톨릭의 역사』,『타인의 시선 경계에서 읽기』,『日韓関係論草稿』(朝日新聞出版, 2020),『東京からの通信』(かんよう出版, 2021)외 한국어 일본어 저서 다수.

윤사무엘

대구 경북고, 연세대 신과대 및 동대학원(B. Th., M. Th.), 장로회신학대학원(M. Div.), 총신대학교신학대학원(M. Div. Equv), Dubuque University Theological Seminary(M.A.R.), Harvard University Divinity School (Th. M. 고대근동학), Boston University School of Theology(Th. D. 성경학), Cohen University Theological Seminary(Th. D. 구약 역사학), Faith Theological Seminary and Christian College(Ph. D. 구약 신학)에서 연구했다. 한국 겟세마네신학교 총장, 한국목회자학교(The Pastor School in Korea, 바이블 아카데미) 대표로 있다.『복음으로 본 세계교회사』,『한국 교회와 바른 성경 번역』,『주님, 어서 오시옵소서!』등이 있다.

이명권

종교학 박사·중국철학 박사. 연세대학교 신학과, 감리교 신학대학원 및 동국대학교 대학원 인도철학과에서 석사학위를 마친 뒤 서강대학교 대학원 종교학과에서 박사학위를 취득했고, 중국 길림사범대학교에서 중국문학 석사학위를 취득한 후, 길림대학 중국철학과에서 노자 연구로 박사학위를 받았다. 미국〈크리스천헤럴드〉 편집장으로 활동했으며, 중국 길림사범대학교에서 교환교수로 재직하였고, 동 대학 동아시아연구소 소장을 역임하였다. 또 서울신학대학교와 관동대학교에서 '종교 간의 대화'를 강의하였고, 현재 코리안아쉬람 대표, 인문 계간지 「산넘고 물건너」 발행인. 저서로는 『상호문화적 글로벌 시대의 종교와 문화』, 『공자와 예수에게 길을 묻다』, 『포스트 코로나 시대의 평화사상과 종교』 등 다수가 있다.

이민형

성결대학교 파이데이아학부 조교수. 연세대학교를 졸업하고, 보스턴대학교의 Bryan Stone 교수를 만나 기독교와 대중문화의 상관관계를 연구하며 석사학위와 박사학위(Ph.D.)를 마쳤다. 기독교 전통문화, 대중문화, 종교적 상징과 미디어 등을 연구하고 있다.

이정철

국민대학교 교양대학 조교수. 연세대학교 신학과를 졸업한 후 미국 에모리대학교와 프린스턴 신학대학원에서 석사학위를 마쳤고, 클레어몬트 신학대학원에서 박사학위(Ph. D.)를 받았다. 주요 논문으로는 "The Tears Caused by Abusive Power, Hope Inspired by Love: Exploring the Meanings and Weight of 'Interreligious'"(Journal of Ecumenical Studies), "종교간 연대와 한국 개신교에 대한 비판적 성찰: 종교 간 실천신학 연구"(종교연구), 공저로는 *Protestant Spiritual Traditions*, Vol. 2 (Cascade Books), 『지구정원사 가치사전』 등이 있고, *Oxford Handbook of Asian Christian Theologies* (Oxford University Press, ed. Peter Phan)가 예정되어 있다.

조은석

연세대학교 신학과(B.A.), SFTS(M.Div./Seminary Fellow), 예일대학교 신

학부 (S.T.M. in Old Testament), GTU(Ph.D. in Old Testament/FTE North American Doctoral Fellow), CCSF(A.A. in Chinese; A.A. in Spanish; A.S. in Social and Behavioral Sciences; A.A. in Arts and Humanities). 금문교회 담임목사(1994~). 저서로 *What Is SPR?* (Kindle Direct Publishing, 2021), *SPR*, 『예배인간 욥기』, 공저로 『샬롬 한반도 — 2005-2021 북미 교회 한반도 통일 심포지엄』 등이 있고, 다수의 신학 논문을 저술했다.

허호익

연세대학교에서 신학으로 학사, 석사, 박사학위를 받았다. 그리스도신학대학교와 대전신학대학교에서 교수로 재직하였고 한국기독교학회 총무, 한국문화신학회 부회장, 한국조직신학회 회장을 역임하였다.

저서로 『한국문화와 천지인 조화론』, 『천지인신학』, 『한국의 이단기독교』 『통일을 위한 기독교 신학』, 『길선주목사의 목회와 신학사상』, 『단군신화와 기독교』 같은 한국문화와 한국신학에 관한 저서와 『야웨 하나님』, 『예수 그리스도 1, 2』, 『신앙, 성서, 교회를 위한 기독교 신학』과 같은 성서적 조직신학과 『동성애는 죄인가』, 『안티 기독교 뒤집기』와 같은 책을 저술하였다. 아울러 신학전문 사이트인 한국신학마당(www.theologia.kr)을 운영하고 있다.